BEN J. MORRIS

DEIN PERSÖNLICHER ERFOLG

– Mindset-Techniken der Gewinner –

Wie Sie durch positive Psychologie Ihre Motivation steigern, mehr Geld verdienen und mit intelligentem Zeitmanagement Ihre Ziele erreichen

1. Auflage: Juli 2020

Haftung für externe Links

Das Buch enthält Links zu externen Webseiten Dritter, auf deren Inhalt der Autor keinen Einfluss hat. Deshalb kann für die Inhalte externer Inhalte keine Gewähr übernommen werden. Für die Inhalte der verlinkten Webseiten ist der jeweilige Anbieter oder Betreiber der Webseite verantwortlich. Die verlinkten Seiten wurden zum Zeitpunkt der Verlinkung auf mögliche Rechtsverstöße überprüft. Rechtswidrige Inhalte waren zum Zeitpunkt der Verlinkung nicht erkennbar. Eine permanente inhaltliche Kontrolle der verlinkten Webseiten ist jedoch ohne konkrete Anhaltspunkte einer Rechtsverletzung nicht zumutbar. Bei Bekanntwerden von Rechtsverletzungen werden derartige Links umgehend entfernt.

Coverbild: Drawlab19 / Shutterstock

Druck / Auslieferung: Amazon oder eine Tochtergesellschaft

Herausgeber: J. Loewenstein Media GmbH; Ericusspitze 4, 20457 Hamburg

Independently published | ISBN: 979-8665740140

INHALT

Vorwort **4**

Wie dieses Buch funktioniert **6**

Was ist Erfolg? Und noch viel wichtiger: Wie werden SIE erfolgreich? **7**

Auf dem Weg zum Erfolg **9**

Was erfolgreiche Menschen ausmacht, und wie Sie einer von ihnen werden ... 9

So werden Sie Herr über die Prokrastination 14

Die Kraft von Träumen und Visionen 19

Richtig motiviert ist halb gewonnen 22

Feuer frei für Ihre besten Ideen! **27**

Mindset - was ist das? 27

7 Schritte zu einem neuen, wachstumsorientierten Mindset 30

Die Kunst des Visualisierens 33

Fokus ist Ihre Superkraft **37**

Wie Sie Ihre Ziele ins Auge fassen 37

Sparen Sie Zeit und Energie mit Prioritäten 40

Konzentration kann man lernen 44

Warum eine gute Zielformulierung der Schlüssel zum Erfolg ist 48

Die 3 Power P's 48

Die Praxis - wie Sie richtig durchstarten **50**

Denken Sie groß. 50

Machtvolle Techniken, um Ihre Ziele dauerhaft präsent zu halten **53**

Das „Vision Board" 53

Leben Sie zielorientiert! 59

Der perfekte Start in Tag - Ein Leitfaden 63

Ein gelungener Tagesabschluss 67

Schritt für Schritt zu Ihrem Ziel 72

Das Grande Finale. **75**

Wie Sie Ängste und Zweifel abbauen 75

Wieso Sie auf die Meinungen anderer pfeifen sollten! 78

Nachwort **81**

Vorwort

Lieber Leser, liebe Leserin,

fragt man Menschen, wonach sie in ihrem Leben streben, so läuft es am Ende normalerweise auf zwei Variablen hinaus: **Geld** und **Zeit**. Doch diese beiden Dinge sind lediglich Stellvertreter für viel tiefere Bedürfnisse. Wünschen wir uns mehr Zeit, so streben wir nach mehr Möglichkeiten für unsere sozialen Beziehungen, unsere Weiterbildung und unsere Gesundheit. Und wenn wir uns mehr Geld ersehnen, denken wir in Wirklichkeit an das erste eigene Haus und das schicke Auto auf dem Parkplatz davor. Was wir also wirklich wollen, ist *Selbstverwirklichung*.

Darf ich mir eine Behauptung erlauben? Vermutlich halten Sie dieses Buch in den Händen, weil Sie mit sich, Ihrem Umfeld, Ihrer Arbeit oder ganz allgemein mit Ihrer Situation unzufrieden sind. Wieso sollten Sie sich sonst einen Ratgeber für persönlichen Erfolg zulegen? Ich vermute weiterhin, dass es entweder Anfang des neuen Jahres ist oder kurz davor. Oder aber Sie stecken gerade in einer persönlichen Krise oder haben gerade eine überwunden. Denn in solchen Momenten werden wir uns unserer Unzufriedenheit am meisten bewusst. Und wir sind gewillt, unsere Situation zum Besseren zu verändern.

Kaum einer Sache wohnt ein solcher Zauber inne wie einem Neuanfang, welcher Art er auch sein mag. Gerade am Jahresbeginn wird das besonders deutlich – durch die sogenannten guten Vorsätze. Einer der beliebtesten Vorsätze ist wohl der, mehr Sport zu treiben. Was glauben Sie, wie viele Menschen sich im Januar in einem Fitnessstudio anmelden? Und was denken Sie, wie viele davon im Februar noch da sind? Die meisten Vorsätze scheitern daran, dass die Menschen, die sie sich gesetzt haben, zu viel auf einmal wollen. Sie sind übermotiviert und übertreiben es mit ihrem Eifer. So verlieren sie schnell ihre Energie und sind frustriert. Und der Versuch, ihre Ziele umzusetzen, wird als negative Erfahrung verbucht. Um solche Erfahrungen zu vermeiden, habe ich dieses Buch geschrieben. Es soll Ihnen dabei helfen, Ihre Vorsätze zu handfesten Zielen zu machen, diese in die Tat umzusetzen und so Ihren ganz persönlichen Erfolg zu erreichen.

Ich werde Sie nicht anlügen – wenn Sie von diesem Buch eine Handvoll schnelle, einfache Tipps erwarten, mit denen Sie in Nullkommanichts all Ihre Ziele verwirklichen können, sollten Sie es wieder umtauschen. Denn so etwas wie Abkürzungen oder Wundermittel werden Sie hier nicht finden. Wenn Sie auf langfristigen Erfolg in allen Lebensbereichen aus sind, sollten Sie dazu bereit sein, an sich zu arbeiten. Und Sie sollten für Veränderungen offen sein. Eine langfristige Persönlichkeitsentwicklung ist ein stetiger Prozess, der sich einprägen muss. Wie der Name schon sagt, ist Erfolg etwas, das auf etwas erfolgt. Er wird Ihnen nicht einfach so in den Schoß fallen. Auf Sie wartet einiges an Arbeit. Aber ich verspreche Ihnen, dass sich Ihre Anstrengungen lohnen werden.

Warten Sie nicht länger darauf, dass sich etwas verändert. Seien Sie selbst die Veränderung!

Ben J. Morris

Wie dieses Buch funktioniert ...

Dieses Buch ist so aufgebaut, dass es Sie nach und nach aus Ihrer derzeitigen Situation in eine zielorientierte und erfolgsversprechende Atmosphäre geleitet.

Es besteht aus vier aufeinander aufbauenden Teilen, die Ihnen zunächst die Grundlagen für ein erfolgreiches Leben vermitteln sollen. Erfahren Sie im ersten Teil, welche Eigenschaften erfolgreiche Menschen ausmachen und wie Sie sich diese aneignen können. Entdecken Sie, wie Sie Ihre Prokrastination bezwingen und die richtige Motivation finden.

Auf diese Basis folgt die Vermittlung unterschiedlicher Theorien in Kombination mit kleineren Übungen. Lernen Sie, was ein Mindset ist und wie Sie es auf Ihren Erfolg programmieren können. Entdecken Sie die Kraft des Visualisierens und des Fokussierens, und profitieren Sie von den verschiedenen Techniken des Zeit- und Projektmanagements.

Der letzte Teil beschäftigt sich dann mit dem Übergang in die Praxis und zeigt Ihnen anhand weiterer Aufgaben, wie Sie das Erlernte umsetzen und in Ihr Leben integrieren können. Entdecken Sie, wie Sie Ihre Ziele stetig präsent halten und wie Gewohnheiten Ihr Leben positiv beeinflussen können.

Wenn Sie diesem Schritt-für-Schritt-System zu Ihrem Erfolg folgen, stellen Sie sicher, dass Sie nichts verpassen. Allerdings ist es nicht mein Ziel, Ihnen Vorschriften zu machen. Dieses Buch soll Ihnen lediglich eine Hilfestellung zur Selbsthilfe geben. Ob und wie Sie seinen Inhalt annehmen und umsetzen, liegt ganz bei Ihnen. Die Hauptsache ist, dass Sie so oder so endlich ins Tun einsteigen. Ergreifen Sie die Initiative! Starten Sie JETZT!

Was ist Erfolg? Und noch viel wichtiger: Wie werden SIE erfolgreich?

Bevor Sie nun damit anfangen, auf Ihren persönlichen Erfolg hinzuarbeiten, sollte erst einmal geklärt werden, was Erfolg überhaupt ist.

Die Definition von Erfolg im Duden lautet: „positives Ergebnis einer Bemühung". Daraus ergeben sich drei Dinge.

Erstens: **Erfolg ist positiv; das heißt: Er bringt einen Gewinn ein.**

Zweitens: **Erfolg ist ein Ergebnis**; das bedeutet: Bevor er eintritt, muss etwas passieren.

Und das bringt uns zum dritten Punkt: **Erfolg benötigt Bemühung.** Oder wie es mein Vater zu sagen pflegte: **„Von nix kommt nix."**

Bevor Sie also weiterlesen, sollte Ihnen bewusst werden, dass Ihr persönlicher Erfolg Ihre persönliche Anstrengung erfordern wird.

Gehen wir über die Definition des Dudens hinaus, lassen sich weitere Eigenschaften von Erfolg benennen.

Erfolg ist individuell – für jeden Menschen bedeutet Erfolg etwas anderes. Der eine träumt davon, ein großes, erfolgreiches Unternehmen aufzubauen. Ein anderer strebt nach sportlicher oder handwerklicher Perfektion. Ein weiterer hat sich ein altes Haus gekauft, das er selbst renovieren will. Oder jemand will die Spitze seiner Karriere erreichen.

Ebenso wie Erfolg individuell ist, so ist er nicht statisch. Wie der Mensch selbst verändern sich auch dessen Ziele und damit auch dessen persönliche

Definition von Erfolg. Wie das Leben an sich unterliegt also auch das Bild von Erfolg einem ständigen Wandel. Daher ist die persönliche Reflexion eine unabdingbare Aufgabe im Prozess des Findens und Erreichens von Zielen.

Erfolg ist außerdem zeitabhängig. Sie können nicht erwarten, dass Sie Ihre Ziele innerhalb weniger Wochen, Monate oder gar Jahre erreichen. Das Verwirklichen Ihrer Visionen verlangt Geduld, Ausdauer und Motivation.

Auf Ihrem Weg zu Ihrem persönlichen Erfolg möchte ich Ihnen Folgendes mitgeben:

Ihr Erfolg beruht auf der Art Ihrer persönlichen Zielerreichung.

Ihre definierten Ziele erfüllen Sie mit innerer Zufriedenheit.

Ihre erreichten Ziele beruhen auf Ihren Idealen und Visionen und dienen Ihrem persönlichen Wohl.

Was ich Ihnen damit sagen will: Ihr Erfolg ist nicht von anderen abhängig, sondern einzig und allein von Ihnen selbst. Wir neigen oft dazu, uns mit anderen zu vergleichen, reagieren neidisch und eifersüchtig auf den Erfolg anderer. Das hat heute ein Ende, denn der Vergleich mit anderen ist gegensätzlich zu Ihrem Streben nach persönlichem Erfolg.

Erfolg beruht einzig und allein auf den eigenen Ressourcen, Talenten, Fähigkeiten und darauf, dass man bereit ist, das Maximale aus sich selbst herauszuholen. Wie andere oder die Gesellschaft Erfolg definieren, spielt dabei keine Rolle. Lassen Sie sich nicht stigmatisieren!

Erfolg ist immer die Folge von persönlichen Entscheidungen und Handlungen. Der Einzige, der also für Ihren persönlichen Erfolg verantwortlich ist, sind Sie selbst! Seien Sie außergewöhnlich!

Auf dem Weg zum Erfolg

In diesem ersten Teil des Buches möchte ich Ihnen zeigen, welche Eigenschaften den Erfolg eines Menschen ausmachen und wie Sie sich diese aneignen. Erfahren Sie weiterhin, wie Sie Ihre „Aufschieberitis" bekämpfen können. Lernen Sie, wie Sie die besten Grundlagen für Ihre Motivation schaffen und so endlich Ihren Träumen und Zielen auf die Spur kommen.

Was erfolgreiche Menschen ausmacht, und wie Sie einer von ihnen werden ...

Nun, da wir geklärt haben, was Erfolg ist, ist es an der Zeit, Sie auf Ihren Erfolg vorzubereiten. Und auch wenn ich in der Einleitung ausgeführt habe, dass der Vergleich mit anderen dem persönlichen Erfolg eigentlich nicht zuträglich ist, kann es an dieser Stelle doch nützlich sein, sich die Eigenschaften erfolgreicher Persönlichkeiten anzusehen. Daher habe ich im Folgenden zehn Punkte aufgelistet, für die erfolgreiche Männer und Frauen bekannt sind und die auch Sie sich aneignen sollten.

1. Verlassen Sie Ihre Komfortzone

Jeder von uns hat diesen Bereich, den wir am liebsten nicht verlassen wollen, weil er uns Sicherheit und Wohlbefinden vermittelt: Dort kann uns nichts passieren. Das bezieht sich aber nicht nur auf die negativen Dinge – es bedeutet auch, dass uns dort nichts widerfahren wird, was uns weiterbringt.

Erfolg bedeutet, dass man sich anstrengen und auch mal schwierige Wege einschlagen muss, die andere Menschen meiden würden. Nur wenn Sie Ihre Ängste bewältigen und etwas wagen, bekommen Sie die Gelegenheit, über sich hinauszuwachsen.

2. Handeln Sie zielorientiert und proaktiv

Erfolgreiche Menschen setzen sich Ziele. Doch das allein reicht nicht aus: Erst indem man aktiv wird und daran arbeitet, seine Ziele auch zu erreichen, kann man etwas bewirken. Belassen Sie es nicht nur beim Planen. Wenn Sie erfolgreich sein wollen, ist Ihr Handeln gefragt. Setzen Sie Ihre Ideen auch tatsächlich um. Denn wie Goethe schon sagte:

„Es ist nicht genug zu wollen, man muss es auch tun."

(aus: Wilhelm Meisters Wanderjahre III, 1829)

3. Seien Sie entscheidungsfreudig

Erfolg basiert nicht zuletzt auch auf richtig getroffenen Entscheidungen. Wenn Sie nicht bereit sind, Entscheidungen zu treffen und Verantwortung für diese zu übernehmen, werden Sie Ihre Ziele nicht erreichen. Überlassen Sie nichts dem Zufall.

4. Halten Sie durch!

Ihre Ziele werden Sie nicht von heute auf morgen erreichen. Seien Sie geduldig, und zeigen Sie Durchhaltevermögen und Selbstdisziplin. Wenn Sie schon bei jeder kleinen Widrigkeit aufgeben, werden Ihnen viele gute Gelegenheiten entgehen. Sie dürfen scheitern und Fehler machen. Das gehört zu Ihrem Weg dazu, und Sie werden an diesen Herausforderungen wachsen. Entscheidend ist, dass Sie immer wieder aufstehen und weitermachen.

Es gibt kaum einen erfolgreichen Menschen, der vorher keine Probleme zu bewältigen hatte. Wir sehen immer die Person, die ihren Erfolg schon erreicht hat. Was wir aber nicht sehen, sind die zahlreichen Rückschläge, Niederlagen und Schwierigkeiten, die die Person auf dem Weg dorthin überwunden hat.

5. Messen Sie sich nicht mit anderen - sondern nur mit sich selbst

Wir neigen dazu, uns mit anderen zu vergleichen – besonders dann, wenn es darum geht, erfolgreich zu sein. Allerdings ist das vollkommen sinnfrei. Wir würden Äpfel mit Birnen vergleichen: Die Ziele der anderen sind nicht die Ihren. Sie haben andere Werte und andere Maßstäbe. Jeder Mensch definiert seinen persönlichen Erfolg anders. Von daher bringt es uns kein Stück weiter, wenn wir uns diesbezüglich mit anderen vergleichen.

6. Bauen Sie ein Netzwerk auf

Ein breit gefächertes Netzwerk öffnet Türen – insbesondere dann, wenn Sie die richtigen Leute kennen. Gute Beziehungen können Ihnen dabei helfen, Ihre Ziele zu erreichen.

Erfolgreiche Menschen haben zumeist viele Kontakte, von denen sie unterstützt werden. Das sollten Sie auch nutzen. Lernen Sie neue Menschen kennen, und pflegen Sie Ihre Kontakte. Umgeben Sie sich mit Leuten, die Sie inspirieren und motivieren. Fokussieren Sie sich dabei auch auf Menschen, die manche Dinge besser können als Sie selbst. Diese können Ihnen bei Dingen helfen, in denen Sie allein nicht weiterkommen. So können Sie gegebenenfalls Aufgaben aufteilen und an andere delegieren. Holen Sie sich die besten Leute mit an Bord.

7. Kontrollieren Sie die Einflüsse aus Ihrem Umfeld

In der heutigen Zeit können wir uns vor der Masse an äußeren Einflüssen kaum retten. Aber wir können entscheiden, welche davon für unser Vorhaben relevant sind und welche wir nicht brauchen. Dazu gehören die Menschen, die uns umgeben, aber auch unser mediales Programm. Das Fernsehen, das Radio, Zeitungen und Zeitschriften und nicht zuletzt auch das Internet und die sozialen Netzwerke – all diese Medien nehmen Einfluss auf unser Leben und damit auch auf unseren Erfolg. Differenzieren Sie diese Einflüsse nach ihrer Relevanz für Ihre Ziele, und konzentrieren Sie sich auf das Wesentliche.

8. Denken Sie an das Endergebnis

Um Ihren Weg zum Ziel erfolgreich bestreiten zu können, müssen Sie wissen, wohin er führt. Schaffen Sie sich einen Orientierungspunkt. Wohin soll Ihre Reise gehen, und was erwartet Sie dort? Sobald Sie das geklärt haben, können Sie sich einen Plan machen. Schreiben Sie alles auf, was Sie benötigen, um an Ihr Ziel zu gelangen. Fragen Sie sich, was Sie bereits heute schon tun können, um Ihrem Ziel ein weiteres Stück näherzukommen.

9. Orientieren Sie sich an anderen erfolgreichen Personen. (Aber bleiben Sie sich selbst treu!)

Vielleicht hatten Sie schon öfter den Gedanken, wie toll es doch wäre, wenn Sie wie Person XYZ wären und genauso viel Erfolg, Geld, Glück oder Macht hätten. Es ist nie falsch, sich Vorbilder zu suchen und an diesen zu orientieren. Doch das Ziel besteht nicht darin, wie diese Personen zu werden! Ihr Erfolg bedeutet nicht, die Kopie eines anderen Menschen zu werden. Ihr Fokus sollte darauf liegen, sich selbst auszuleben. Lernen Sie sich so gut wie möglich kennen. Reflektieren Sie sich und Ihre Handlungen. Finden Sie heraus, wo Ihre Stärken liegen, und suchen Sie nach Vorbildern, die Ihrer Persönlichkeit entsprechen.

Das menschliche Unterbewusstsein ist wie ein Schwamm. Es saugt auf, was es wahrnimmt. Umgeben Sie sich also mit diesen Personen, und Sie werden beinahe automatisch deren Eigenschaften übernehmen. Wenn ein direkter Kontakt nicht möglich ist, dann setzen Sie auf den indirekten Input. Lesen Sie die Bücher und Blogeinträge der Person, schauen Sie sich Videos mit ihr an, hören Sie ihren Podcast sowie ihre Hörbücher, und besuchen Sie Liveauftritte und Lesungen. Wenn Sie ein Problem haben und nicht wissen, wie Sie weitermachen sollen, fragen Sie sich: Was würde mein Vorbild tun?

10. Tun Sie, was Sie lieben, und lieben Sie, was Sie tun

Das, was einen anspricht, fällt einem in der Regel leichter. Nicht zuletzt sind Menschen erfolgreich, weil sie sich auf ihre Stärken konzentrieren und für das, was sie tun, eine Leidenschaft haben. Es schafft eine gute Stimmung, und mit dieser lassen sich leichter gute Ergebnisse erzielen, die uns wiederum positiv einstimmen. So entsteht ein Kreislauf der guten Gefühle, der uns dabei hilft, an unserer Sache festzuhalten. Der Fokus auf die eigenen Stärken und eine ordentliche Portion Leidenschaft sind wohl mit die wichtigsten Eigenschaften erfolgreicher Personen und eine ertragreiche Grundlage für langfristigen Erfolg.

So werden Sie Herr über die Prokrastination

Sie kennen das sicher: Sie haben sich ein neues Ziel gesetzt, von dem Sie so begeistert sind, dass Sie es kaum abwarten können, es in die Tat umzusetzen. Aber immer dann, wenn Sie sich vornehmen, aktiv etwas dafür zu tun, fallen Ihnen auf einmal tausend andere Dinge ein, die Sie noch erledigen müssen. Dieses Phänomen nennt sich Prokrastination, uns umgangssprachlich auch als „Aufschieberitis" bekannt. Natürlich ist das dauerhafte Aufschieben von Aufgaben für das Erreichen unserer Ziele grundsätzlich hinderlich. Daher möchte ich Ihnen in diesem Kapitel erläutern, wie Sie Herr über die Prokrastination werden. Doch um der Prokrastination den Kampf ansagen zu können, sollten wir zunächst einmal wissen, wie sie überhaupt funktioniert:

Wenn wir Aufgaben vor uns haben, die wir nicht mögen oder die uns zu schwer erscheinen, neigen wir dazu, sie aufzuschieben. Stattdessen lenken wir uns mit anderen Tätigkeiten ab, die wir auch nicht mögen – vorzugsweise mit Haushaltstätigkeiten –, um damit zu rechtfertigen, dass wir die eigentliche Aufgabe nicht angegangen sind.

Immerhin muss auch der Boden mal gewischt, die Küchenschränke aufgeräumt und das Computersystem generalüberholt werden. Der Unterschied zu Ihrer eigentlichen Hauptaufgabe ist, dass all diese Tätigkeiten in einer überschaubaren Zeit zu beenden sind. Das sorgt dementsprechend für eine schnellere Zufriedenheit, weil wir das Gefühl haben, etwas Notwendiges erledigt zu haben. Dieses Gefühl wird aber nur kurzfristig anhalten. Und was folgt, sind Ärger und Frust.

Psychologen haben festgestellt, dass Prokrastination als Selbstschutzmechanismus fungiert. Durch sie verlieren wir wertvolle Zeit, und das liefert uns ein Alibi, um später eventuelle Misserfolge zu rechtfertigen. Immerhin hatten wir nicht genug Zeit, und wenn wir mehr Zeit gehabt hätten, wäre das Ergebnis auch besser ausgefallen. Dabei hatten wir genug Zeit – wir haben sie nur nicht sinnvoll genutzt.

„Wie kann ich dieser Spirale entgehen? Gibt es ein Gegenmittel gegen Prokrastination?“, werden Sie sich fragen. Und die Antwort lautet: Ja, und zwar gleich mehrere! Allein schon die Tatsache, dass Sie nach dem Lesen dieser Passage ein Bewusstsein für die Ursache Ihrer Blockade entwickeln, ist ein erster Gegenschritt.

Weitere Schritte sind die Selbst- und die Fremdkontrolle. Setzen Sie sich selbst Miniziele, die Sie, nachdem Sie sie erreicht haben, abhaken können. Und geben Sie sich in die Verantwortung gegenüber anderen, indem Sie ihnen die Zwischenstände Ihrer Arbeit schicken bzw. mitteilen. Eine sinnvolle Tagesstruktur und erfolgsorientierte Rituale helfen Ihnen ebenfalls dabei, Prokrastination zu vermeiden. Doch bei all Ihren Bemühungen sollten Sie nicht vergessen, auch auf sich selbst zu achten. Hören Sie rechtzeitig auf, bevor Sie sich vollends verausgaben – und vergessen Sie nicht, sich zu belohnen.

Um noch effektiver gegen Ablenkungen vorgehen zu können, sollten Sie mit sogenannten Cliffhangern arbeiten. Der Cliffhanger-Effekt oder auch Zeigarnik-Effekt geht auf die gleichnamige sowjetische Gestaltpsychologin *B. W. Zeigarnik* zurück und ist eine natürliche Erinnerungsfunktion: Bei einem Besuch in einem Café wurde Zeigarnik auf einen Kellner aufmerksam, der sich sämtliche Bestellungen aller Kunden merken konnte, ohne auch nur eine einzige aufzuschreiben. Er konnte jedem Kunden die richtigen Speisen und Getränke zuordnen, doch bereits fünf Minuten nachdem er die Bestellungen abgeschlossen hatte, konnte er sich nicht mehr daran erinnern, wem er was gebracht hatte.

Zeigarnik untersuchte dieses Phänomen in einem Experiment, das belegte, dass das Gehirn sich nicht abgeschlossene, noch bevorstehende Aufgaben sehr gut merken kann. Aufgaben, die bereits erledigt sind und die keine weiteren Handlungen mehr erfordern, löscht es dagegen aus dem Gedächtnis. Begründet ist das darin, dass noch nicht abgeschlossene Aufgaben die mentale und emotionale Spannung aufrechterhalten. Wir sehen ein Problem, dieses setzt uns unter Druck, wir setzen uns ein Ziel, arbeiten an Lösungsmöglichkeiten, die wir dann in Handlungen umsetzen. Bis die Aufgabe abgeschlossen ist, bleibt die innere Spannung bestehen. Dieser Effekt kann positiv, aber auch negativ sein.

In vielerlei Hinsicht kann der Cliffhanger-Effekt uns behindern. Unerledigte Aufgaben blockieren unsere geistigen Ressourcen, und unsere Konzentration wird durch die Erinnerung an offene To-dos gestört. Wir stehen aufgrund von unerledigten Aufgaben dauerhaft unter Druck. Der Cliffhanger-Effekt nimmt keine Rücksicht auf Prioritäten und lenkt die Aufmerksamkeit immer wieder auf Aufgaben, die zwar unerledigt, aber nicht wichtig sind. Das ist schlecht für unser Zeitmanagement, für unsere Produktivität und auch auf unser Glücksempfinden.

Da es sich bei diesem Effekt um eine natürliche Funktion handelt, können wir ihn nicht einfach abschalten. Doch es gibt Möglichkeiten, wie wir ihn so austricksen können, dass er uns von Nutzen ist.

1. Betreiben Sie Singletasking.

Fast jeder kennt Multitasking: die Ausführung von zwei oder mehreren Aufgaben zur gleichen Zeit. In der heutigen Zeit wird es gern praktiziert, weil man so scheinbar effizienter arbeiten kann. Doch Multitasking begünstigt den Cliffhanger-Effekt auf negative Art und Weise. Stattdessen sollten Sie Ihre Konzentration bündeln und Ihren Fokus nur auf eine Sache lenken – so erledigen Sie unterm Strich Ihre Aufgaben schneller und nicht nur das: Sie erledigen sie auch in besserer Qualität.

2. Reduzieren Sie Ablenkungen.

Auch Ablenkungen jedweder Art verstärken den Cliffhanger-Effekt. Denn jede Störung, jede Unterbrechung, jeder noch so kleine Impuls von außen schwächt Ihre Produktivität. Sorgen Sie also für eine störungsfreie Arbeitsumgebung.

3. Führen Sie eine Side List.

Trotz aller Maßnahmen ist es immer eine Frage der Zeit, bis störende Gedanken aufkommen. Oft braucht es nur ein Schlüsselwort oder eine sinnhafte Verbindung, um sie hervorzurufen. Wenn das passiert, sollten Sie Ihre spontanen Einfälle aufschreiben und auf einer sogenannten Side List sammeln. Was auf dem Papier ist, spukt Ihnen nicht mehr im Kopf herum. Trotzdem sind die Aufgaben weiterhin abrufbar.

4. Arbeiten Sie in Intervallen.

Je länger Sie an einer Aufgabe sitzen, desto anfälliger werden Sie für Ablenkungen und störende Gedanken. Der Grund dafür ist unser Biorhythmus: Irgendwann nimmt unser Fokus automatisch ab. Daher ist es wichtig, Pausen zu machen und die Arbeit in Etappen zu unterteilen.

5. Kämpfen Sie nicht dagegen an.

Der Cliffhanger-Effekt ist, wie bereits gesagt, ein natürlicher Erinnerungsmechanismus. Der Kampf dagegen wäre sinnlos und würde nur zu Scheitern und Frust führen. Stattdessen sollten Sie ihn akzeptieren und das Beste aus den wiederkehrenden Gedanken zu machen. Sie werden sehen: Mit der Zeit werden Sie lernen, wie Sie den Cliffhanger-Effekt für Ihre Sache nutzen können.

***

Weitere wirksame Mittel gegen Prokrastination sind Willenskraft und Disziplin. Diese beiden Begriffe werden häufig synonym verwendet. Doch auch wenn beides eng miteinander zusammenhängt, sind es zwei unterschiedliche Eigenschaften. Disziplin meint das Beherrschen des eigenen Willens, der eigenen Gefühle und der eigenen Neigungen, um etwas Bestimmtes zu erreichen. Sie ist somit ergebnisorientiert. Willenskraft, auch Volition genannt, hingegen arbeitet mit Alternativen. Entgegen der verbreiteten Annahme bedeutet Willenskraft zu haben nicht, mit dem sprichwörtlichen Kopf durch die Wand zu gehen. Sie ist zuständig für die Angstbewältigung, die Impulskontrolle und die Affektregulation. Unsere Willenskraft macht es uns möglich, Versuchungen zu widerstehen, und hält uns so davon ab, Dummheiten zu begehen. Um das Ganze etwas besser zu verstehen, stellen Sie sich einmal folgende Situation vor:

Sie sind in einer Fußgängerzone unterwegs und werden von einem Passanten unsanft und offenbar absichtlich angerempelt. Sie würden sich am liebsten auf der Stelle umdrehen und diesen Rüpel zur Rede stellen, ihm womöglich sogar eine verpassen, aber stattdessen murmeln Sie ein kurzes „Entschuldigung" und gehen weiter. Ihr Verstand erkennt, dass es keinen Sinn ergeben würde, einen Streit anzufangen, und Ihre Willenskraft hilft Ihnen dabei, den aufsteigenden Impuls zu unterdrücken und durch eine alternative Handlung zu ersetzen.

Ein Beispiel für Disziplin wäre, wenn Sie sich einer unliebsamen Aufgabe widmen, z. B. Papiere für einen Amtsgang ausfüllen, und dafür auf eine angenehmere Tätigkeit, z. B. das Schauen Ihrer Lieblingsserie, verzichten.

Willenskraft könnte man durchaus als ein Werkzeug der Disziplin bezeichnen. Sie ist auch das, was uns den sogenannten Belohnungsaufschub ermöglicht. Kennen Sie den Werbespot von Kinder Überraschung, in dem den Kindern ein zweites Ü-Ei versprochen wird, wenn sie es schaffen, das erste Ü-Ei innerhalb einer gewissen Zeitspanne nicht anzurühren? Auch wenn Sie den Spot nicht kennen – Sie können sich denken, wie das Ganze ausgeht. Richtig, die Kinder können es nicht abwarten und futtern das erste Ei auf. Die Willenskraft von erwachsenen Menschen ist im Normalfall etwas ausdauernder. So gelingt es uns, kleinere sofortige Belohnungen auszuschlagen und stattdessen an Aufgaben weiterzuarbeiten, um uns dann in Zukunft größerer Belohnungen erfreuen zu können.

Disziplinierte Menschen haben nicht unbedingt eine starke Willenskraft. Sie sind schlicht Talente, wenn es um ihre Organisation geht. Sie verlassen sich nicht auf ihre Willenskraft, sondern treffen Vorkehrungen. So vermeiden sie Situationen, die sie in Versuchung führen oder die falsche Impulse auslösen könnten.

Die Kraft von Träumen und Visionen

„Vision" klingt nach einem großen Wort. Es erinnert uns an übersinnliche Ereignisse und an göttliche Begegnungen, wie wir sie von den Propheten aus der Bibel kennen. Dabei sind Visionen allgegenwärtig! Jeder Mensch hat welche. Auch Sie. Und zwar permanent. Wenn Sie Hunger haben, haben Sie eine Vision von einem leckeren Jägerschnitzel oder einem warmen Eintopf. Wenn Ihnen kalt ist, denken Sie an einen Ofen, eine kuschelige Jacke oder an eine heiße Tasse Tee. Und wenn Ihre volle Blase Sie daran erinnert, dass Sie mal wieder das WC aufsuchen sollten, formt sich vor Ihrem inneren Auge das Bild einer Toilette. Visionen können groß und geradezu episch sein, doch die meiste Zeit über sind sie ziemlich banal. So banal, dass wir sie gar nicht mehr als solche wahrnehmen.

Sie haben eine Vision. Einen Traum von etwas, das Sie in der Zukunft erreichen wollen, oder von jemandem, der Sie eines Tages sein möchten. Und allein schon die Tatsache, dass Sie in der Lage sind, sich diese Situationen und Personen vorzustellen, macht das Menschsein so wundervoll. Im Gegensatz zum Tier kann der Mensch nämlich träumen und sich Dinge vorstellen, die es so gar nicht gibt. Zumindest noch nicht. Er ist dazu fähig, Bilder zu kreieren und diesen Bildern eine Bedeutung beizumessen – so viel Bedeutung, dass sich diese Bilder auch nach außen manifestieren. Wir können unsere inneren Bilder zu Formen werden lassen.

Viele Menschen, die in der Vergangenheit ihre Visionen äußerten, wurden zunächst als Spinner und wahnsinnig bezeichnet. Doch wenn diese Menschen nicht an ihren Visionen festgehalten hätten, würden wir heute zum Beispiel nicht mit dem Flugzeug in den Urlaub fliegen können, und wir würden immer noch glauben, dass die Erde eine Scheibe ist. Diese Menschen haben so lange an ihren Visionen festgehalten, bis sie möglich geworden sind. Und sie haben damit die Welt verändert. Wie Albert Einstein schon sagte: Wahnsinnig sind nur die Menschen, die immer wieder die gleichen Dinge tun und dabei auf andere Ergebnisse hoffen.

Visionen sind führende Lichter in dunklen Zeiten. Sie zerstören alte Systeme und erschaffen völlig neue Lebensmodelle. Durch sie sehen wir, was möglich ist. Sie machen uns besessen und bringen uns dazu, an etwas zu glauben und an diesem Glauben festzuhalten. Und wenn sich eine Vision erfüllt, verändert sich nicht nur das eigene Leben, sondern möglicherweise auch das vieler anderer Menschen, und vielleicht werden auch Sie andere mit Ihren Ideen inspirieren.

Stellen Sie sich Ihr zehn Jahre älteres Ich vor, das seine Ziele erreicht und seine Visionen verwirklicht hat. Stellen Sie sich vor, dieses Ich schickt Ihnen eine Nachricht. Was sagt es Ihnen?

Sie brauchen kein Vorbild von außen, weil Sie selbst Ihr Vorbild sind. Viele Menschen wählen aus Angst vor dem Scheitern eine kleinere, schwächere Version ihrer selbst. Wenn Sie keine eigene Vision haben oder nicht daran glauben, werden Sie automatisch Teil der Vision eines anderen. Doch wenn

Sie sich dazu entscheiden, an Ihr Leben und an Ihre Träume zu glauben, sind Sie Ihr eigenes inspirierendes Vorbild. Sie selbst bestimmen Ihre Kriterien.

Der französische Schriftsteller Antoine de Saint-Exupéry schrieb einst:

„Wenn du ein Schiff bauen willst, dann trommle nicht Männer zusammen, um Holz zu beschaffen, Werkzeuge vorzubereiten, Aufgaben zu vergeben und die Arbeit einzuteilen, sondern lehre die Männer die Sehnsucht nach dem weiten, endlosen Meer."

(aus: Citadelle, 1948)

Was ich damit sagen möchte, ist, dass Visionen etwas in uns wecken: eine Sehnsucht, einen Glauben und eine Begeisterung – und eine solche Begeisterung, einen solchen Glauben brauchen wir auch für unsere Ziele. Das schaffen wir, wenn wir davon träumen, wie es sein wird, wenn wir sie endlich erreichen. Träume und Visionen haben eine ungeheure Kraft, denn sie wecken etwas in uns, das uns antreibt. Je kraftvoller und lebendiger unsere Vorstellung von unseren Zielen ist, desto stärker ist unsere Motivation. Und wir entwickeln uns beinahe wie von selbst weiter, weil wir alles dafür tun, um unsere Visionen Wirklichkeit werden zu lassen.

Glauben Sie an Ihre Ideen, und lassen Sie sich nicht von Kritikern beirren. Bejahen Sie Ihre Visionen, und bekennen Sie sich offen dazu. Machen Sie Ihr Ziel groß, und malen Sie es in den schillerndsten und intensivsten Farben aus, die ihre Fantasie zu bieten hat. Stellen Sie den Fokus auf extrascharf, und zoomen Sie das Bild ganz nah an sich ran. Denken Sie in der Gegenwartsform. Spüren Sie die Emotionen und Glücksgefühle, die in Ihnen aufsteigen, und wecken Sie die Begeisterung in sich selbst. Wieso sollten Sie für etwas kämpfen, was Sie jederzeit haben könnten? Machen Sie Ihr Ziel so groß, dass es Ihre Mühe wert ist.

Richtig motiviert ist halb gewonnen

In diesem Abschnitt soll es nun darum gehen, wie Sie sich am besten dazu motivieren können, etwas für Ihr Ziel zu tun. Doch bevor wir dieses Geheimnis lüften, sollten wir uns erst einmal fragen, warum wir noch nicht vollends motiviert sind – schließlich haben wir uns unser Ziel selbst ausgewählt. Warum sind wir dann so demotiviert?

Sie haben sich ein Ziel gesetzt. Sie haben sich überlegt, was Sie tun müssten, um Ihr Ziel zu erreichen, und Pläne entwickelt, wie Sie am besten vorgehen könnten. Dennoch können Sie sich nicht dazu aufraffen, Ihre Gedanken endlich in die Tat umzusetzen. Woran liegt das? Sich Ziele zu setzen ist eben nur die halbe Miete.

Stellen Sie sich folgende Situation vor: Sie liegen auf Ihrem Sterbebett, und Ihr Leben zieht an Ihnen vorbei. Zuerst tauchen alle positiven Erlebnisse vor Ihrem inneren Auge auf: Ihr erster Kuss, die erste eigene Wohnung, die Beförderung im Job, die Geburt Ihrer Kinder etc. Ein warmes Gefühl umgibt Sie. Doch dann denken Sie an all die verpassten Chancen, bei denen Sie sich von Ihren Ängsten haben aufhalten lassen. Was wäre passiert, wenn Sie dieses gewagt oder jenes stattdessen getan hätten? Aber das werden Sie nie erfahren, denn Ihr Leben ist gelebt und vorbei.

Dieser kleine geistige Ausflug soll Ihnen bewusst machen, dass Sie es später bereuen werden, wenn Sie Ihre Zeit nicht sinnvoll genutzt haben. Diese innere Stimme der Reue sorgt für ein wachsendes schlechtes Gewissen. Und das sorgt dafür, dass Ihre Motivation, etwas zu ändern, steigt.

Sie brauchen nicht nur ein Ziel, auf das Sie zulaufen – Sie brauchen auch etwas, vor dem Sie davonlaufen. Etwas, was Sie antreibt, Ihre Situation zu verändern. Im Normalfall sind Sie vielleicht kein Läufer, aber wenn Sie ein Wolf jagt, sind Sie dazu bereit, Tausende Kilometer zu laufen. Ihr Wolf trägt den Namen „Reue“.

Doch neben dem Reue-Empfinden gibt es noch weitere Sachen, die Sie für Ihre Motivation tun können. Im Folgenden zeige ich Ihnen die sieben häufigsten Gründe auf, warum Menschen demotiviert sind.

1. Kein glasklares Warum

Sie verfolgen ein Ziel, haben aber keinen Grund, warum Sie das tun. Wenn Ihr Ziel keinen Sinn hat oder Sie diesen noch nicht kennen, dann werden Sie sich auch nicht dazu bewegen können, darauf hinzuarbeiten. Geben Sie Ihren Zielen also ein Warum, das Ihre Mühe wert ist. Nehmen Sie sich jeden Tag ein paar Minuten Zeit, und schreiben Sie auf, warum sich der heutige Tag lohnt.

2. Perfektionismus

Der Mensch neigt dazu, die Sachen, die er tut, absolut perfekt machen zu wollen. Perfektion ist aber nur da angebracht, wo Handlungen schwerwiegende Konsequenzen haben können. Ein Pilot sollte ein Flugzeug fliegen können, um die Passagiere sicher von A nach B zu bringen . Und auch ein Chirurg sollte seine Arbeit beherrschen, damit ihm sein Patient nicht unter der Hand wegstirbt.

In unserem Alltag wirkt Perfektion allerdings eher blockierend. Bedenken Sie, dass Ihre Handlungen, die Sie für die Erfüllung Ihres eigenen, ganz persönlichen Ziels begehen, keine schwerwiegenden Konsequenzen haben. Sie dürfen Sachen ausprobieren, Fehler machen – und auch mal scheitern. Davon wird die Welt nicht untergehen. Stellen Sie das Tun vor den Perfektionismus. Oder wie der Volksmund es so schön sagt: „Probieren geht über Studieren“.

3. Die falsche Einstellung

Viele Menschen denken, dass sie bestimmte Sachen machen müssen, um etwas zu erreichen. Sie setzen sich unter Druck und zwingen sich zu Dingen, die sie eigentlich nicht machen wollen. Doch Zwang ist demotivierend! Ersetzen Sie das „Ich muss …“ durch ein „Ich habe mich dazu entschieden …“. Letztendlich ist es Ihre freie Entscheidung, ob Sie etwas tun oder bleiben lassen.

4. Auf Motivation warten

Einige Menschen sind der Meinung, dass ihre Motivation irgendwann von selbst kommt, wenn sie nur lange genug darauf warten. Wenn man heute nicht motiviert ist, dann ist man es vielleicht morgen. Doch das ist ein Trugschluss. Motivation kommt erst dann auf, wenn man sich ins Handeln begibt. Denn erst dann merkt man, dass man etwas bewirkt. Also: Erst handeln, dann kommt die Motivation.

5. Unsicherheit

Um seinem Ziel näherzukommen, muss man Entscheidungen treffen. Entscheidungen kosten Willenskraft. Wenn wir unsicher sind, ist unsere Entscheidungsfähigkeit gehemmt. Unsere Willenskraft sinkt und mit ihr unsere Motivation. Um schnelle Entscheidungen zu treffen, können Sie auf die 5-Sekunden-Regel zurückgreifen. Wenn Sie sich nicht sicher sind, welche Option Sie nehmen sollen, zählen Sie von 5 runter, und setzen Sie dann eine der Optionen um.

6. Unnötige Gedanken an die Zukunft

Oft ist man in seinem Tun blockiert, weil man sich fragt, wie die Zukunft aussehen wird und wie es sein wird, wenn man sein Ziel erreicht hat. Man verliert sich in Tagträumen oder auch in Zukunftsängsten und vergisst daher zu handeln. Bedenken Sie: Der wichtigste Schritt ist der, den Sie gerade machen! Fokussieren Sie sich auf das Hier und Jetzt, denn nur da können Sie etwas bewirken. Wenn Sie die anderen Gedanken ablenken, schreiben Sie sie auf. Denn: Was auf dem Papier steht, ist aus dem Kopf.

7. Alles (nur) auf die Motivation setzen

Viele machen den Fehler und verlassen sich auf ihre Motivation. Man kann aber nicht dauerhaft motiviert sein. Was man braucht, ist Disziplin. Mit Selbstdisziplin wird alles möglich.

Oft wird Motivationslosigkeit mit Faulheit gleichgesetzt. Aber das ist falsch. Sie sind nicht faul. Dass wir so lange dafür brauchen, um endlich in Schwung zu kommen, liegt darin begründet, dass wir es gewohnt sind, mit negativen Botschaften zu arbeiten. Klassiker wie „Ich kann das nicht" oder „Ich bin zu faul dazu" blockieren uns auf unserem Weg zum Ziel. Solche Aussagen zeugen von einem geringen Selbstwertgefühl und bewirken das, was wir als eine sich selbst erfüllende Prophezeiung bezeichnen. Wenn Sie sich immer wieder einreden, dass Sie etwas nicht schaffen können, werden Sie es auch nie schaffen – weil diese Aussage dafür sorgt, dass Sie es nicht einmal versuchen. Stattdessen sollten Sie Ihr Mindset umprogrammieren und mit positiven und bestärkenden Mantras arbeiten. Mehr dazu werden Sie im folgenden Kapitel „Feuer frei für Ihre Gedanken und Ideen" erfahren.

* * *

Wenn Sie eine Aufgabe vor sich haben, zu der Sie sich nur schwer aufraffen können, empfehle ich Ihnen, in winzig kleinen Schritten vorzugehen. Fragen Sie sich: Was ist der erste Schritt, den ich machen muss, um diese Aufgabe zu erledigen? Und dann tun Sie diesen Schritt einfach. Sie sollten ins Fitnessstudio gehen? Dann packen Sie Ihre Tasche. Sie haben ein ellenlanges Schreiben zu verfassen? Dann setzen Sie sich für fünf Minuten hin und schreiben. Sie haben sich vorgenommen, einen dicken Wälzer durchzulesen?

Dann lesen Sie erst mal eine Seite. Bringen Sie den Stein einfach ins Rollen, und es wird Ihnen leichter fallen, weiterzumachen.

Vergessen Sie nicht, sich selbst zu belohnen! Hierbei sollten Sie allerdings auf materielle Belohnungen verzichten, denn so ist das Hinarbeiten darauf irgendwann kein Vergnügen mehr, sondern reines Profitstreben. Tun Sie stattdessen Dinge, die Sie genießen und bei denen Sie etwas lernen können, denn dann sind Sie ganz von allein motiviert.

Die Psychologie bezeichnet diesen Effekt als intrinsische Motivation. Sie beschreibt die Freude an einer Tätigkeit selbst und ist der Grund dafür, warum es uns glücklich macht, wenn wir anderen etwas schenken, ehrenamtlich arbeiten oder ein aufwendiges Festessen zubereiten, obwohl wir selbst scheinbar keinen Verdienst oder Nutzen daraus ziehen. Diese Art der Motivation ist sehr viel effektiver, gesünder und langanhaltender.

Feuer frei für Ihre besten Ideen!

Im ersten Teil des Buches ging es darum, wie Sie die richtige Motivation finden, um Ihre Ziele anzugehen. Nun möchte ich Ihnen zeigen, wie Sie diese Motivation fest in Ihrem Unterbewusstsein verankern und Sie so immer wieder darauf zugreifen können. Lernen Sie nun, wie Sie Ihr Mindset auf Ihren Erfolg ausrichten und wie Ihnen Visualisierung dabei helfen kann.

Mindset - was ist das?

Der Begriff „Mindset“ stammt aus dem Amerikanischen. Eine Eins-zu-eins-Übersetzung dafür gibt es nicht. Am nächsten würde ihm aber wohl der Begriff der „Geisteshaltung“ kommen. Wenn wir von Mindset sprechen, meinen wir die Bildung unseres Unterbewusstseins durch alle Erfahrungen und Erinnerungen, die man im Laufe seines Lebens macht. Es ist die Gesamtheit all unserer Werte, Intentionen und Überzeugungen. Diese können sowohl positiv als auch negativ sein. Unser Mindset beeinflusst unsere Denkweise, unsere Einstellung und unsere Weltanschauung. Es bildet den Grundstein all unseres Denkens, Fühlens und unserer Handlungen.

Während ein positives Mindset uns in unserem Handeln bestärkt und ermutigt, wirkt ein negatives Mindset blockierend und einschränkend auf uns. Das Gute ist: Ein positives Mindset kann man lernen. Ihre Persönlichkeit ist formbar. Das Gehirn ist ein Muskel, und wie jeder andere Muskel im Körper kann es durch Training wachsen. Und das ist wichtig, denn die Ausrichtung Ihres Mindsets ist entscheidend für Ihren Erfolg. Denn 95 Prozent unserer Verhaltensweisen passieren unbewusst. Damit ist das Unterbewusstsein mächtiger als das Bewusstsein.

Erfolg ist primär das Ergebnis davon, wie ein Mensch denkt. Grundsätzlich unterscheidet man zwischen zwei Formen des Mindsets – dem **Fixed Mindset** und dem **Growth Mindset**.

Das **Fixed Mindset** besteht darin, dass man denkt, Qualitäten wie Intelligenz und Talent seien feststehende Eigenschaften , ohne die man keine Chance auf Erfolg hat. Menschen, die denken, sie hätten kein Talent oder seien nicht intelligent genug, um etwas zu tun, meiden Probleme aus Angst, zu scheitern – sie sehen nur Schwierigkeiten und Risiken. Eine solch starre Denkweise behindert diese Menschen in ihrem Tun, denn ihr Fokus liegt auf dem Misserfolg.

Das **Growth Mindset** hingegen geht davon aus, dass neue Fähigkeiten durch Übung erworben werden können. Diese Sichtweise sorgt dafür, dass man Spaß beim Lernen hat. Für Menschen mit einem Growth Mindset ist das Leben eine aufregende Reise voller Möglichkeiten, Neues zu entdecken und sich weiterzuentwickeln. Sie sehen Probleme als Chancen und Möglichkeiten und fokussieren den Erfolg.

Nehmen wir beispielsweise einen Mann mittleren Alters, der sich selbstständig machen möchte.

Mit einem *Fixed Mindset* würde er an sich zweifeln. Er würde infrage stellen, ob er das überhaupt kann. Immerhin war er bisher nur angestellt und hat noch nie in der Selbstständigkeit gearbeitet. Er weiß nicht, wie das geht. Was ist, wenn die Aktion der sprichwörtliche „Griff ins Klo“ ist? Oder schlimmer noch: Was passiert, wenn das Ganze scheitert, er all sein investiertes Geld verliert, arbeitslos wird und plötzlich auf der Straße landet?

Menschen mit einem Fixed Mindset neigen dazu, sich den absoluten Super-GAU auszumalen. Mit einem Growth Mindset hingegen macht man sich keine Gedanken darüber, was alles passieren könnte, sondern darüber, was passieren muss, damit man erfolgreich ist. Diese Menschen lernen, wie es geht, und schaffen sich die optimalen Lernbedingungen. Sie recherchieren, wie man sich selbstständig macht, und finden heraus, wo und von wem sie es am schnellsten lernen. Sie denken: „Ich will es, also werde ich der Mensch, der es tun kann. Ich kann, wenn ich etwas will, alles lernen!“ Sie informieren sich über das, was zum Erfolg nötig ist. Und wenn sie tatsächlich an ihre persönlichen Grenzen stoßen, holen sie Leute mit ins Boot, die es können – sie suchen sich Mentoren und Vorbilder, die sie auf diesem Weg begleiten.

Ein positives Mindset ist etwas, das man erlernen und sich antrainieren kann. Die Förderung ist wichtiger als angeborenes Talent. Erkennen Sie an, dass Scheitern ein Teil des Lernprozesses ist. Loben Sie sich für jeden noch so kleinen Erfolg, egal in welchem Bereich. Lernen Sie, mit konstruktiver Kritik umzugehen und sie für sich zu nutzen. Lassen Sie sich vom Erfolg anderer inspirieren. Nehmen Sie neue Herausforderungen an. Üben Sie sich darin, und arbeiten Sie an Ihrer Problemlösungsfähigkeit.

Schreiben Sie sich die Dinge auf, die Sie von nun an anders angehen möchten. Bedenken Sie: Sie können alles lernen! Etwas nicht zu können ist fortan keine Ausrede mehr dafür, etwas nicht zu tun. Es geht dabei nicht darum, perfekt zu sein, sondern darum, sich zu verbessern und mit seinen Aufgaben zu wachsen. Wenn Sie sich jeden Tag auch nur um 1 Prozent verbessern, werden Sie in einem Jahr 365-mal so gut sein, wie Sie es heute schon sind. Und wenn Sie schließlich erfolgreich sind, dann ruhen Sie sich nicht auf Ihren Lorbeeren aus. Sagen Sie sich: „Das war erst der Anfang!“ Sie sind noch zu so viel mehr fähig. Lassen Sie Ihre Gedanken unaufhaltsam werden, dann werden auch Sie es in Ihrem Leben sein.

7 Schritte zu einem neuen, wachstumsorientierten Mindset

Im vorangegangenen Kapitel habe ich Ihnen erklärt, dass sich unser Mindset aus unseren Gedanken, Überzeugungen und Werten zusammensetzt. Wenn wir an diesen Reglerpunkten ansetzen, können wir es im positiven Sinn beeinflussen. Im folgenden Abschnitt habe ich für Sie sieben Schritte zusammengetragen, die Ihnen dabei helfen sollen.

1. Sie sind selbst für Ihren Erfolg verantwortlich

Der erste Schritt zu einem positiven und erfolgsorientierten Mindset ist Verantwortung. Genauer gesagt: die Verantwortung für das eigene Leben. Ihr Leben ist Ihre Verantwortung. Ausreden bringen Sie nicht weiter. Andere Menschen sind weder für Ihren Erfolg noch für Ihren Misserfolg verantwortlich. Sie können vielleicht nicht immer alles kontrollieren, was Ihnen passiert – aber Sie entscheiden, wie Sie darauf reagieren. In Ihrem Leben wird sich nichts verändern, solange Sie sich nicht verändern. Sie haben die Macht, frei über Ihr Leben zu entscheiden. Übernehmen Sie die Verantwortung dafür. Machen Sie, was Sie wollen, wann Sie es wollen.

2. Fokussieren Sie sich auf die Dinge, die Sie ändern können

Ebenso wie Sie nicht alle Ereignisse in Ihrem Leben kontrollieren können, können Sie auch nicht alle Situationen ändern. Also verschwenden Sie auch keine Zeit dafür, es zu versuchen und darüber nachzudenken. Setzen Sie Ihren Fokus lieber darauf, was Sie tun können, um die Situation zu verbessern. Finden Sie heraus, was nötig ist, um Ihrem Ziel näherzukommen, und machen Sie sich dann daran, es umzusetzen.

3. Finden Sie Stimmungswandler

Auf dem Weg zum Erfolg begegnen uns viele Hürden und Probleme. Manchmal werden wir siegreich daraus hervorgehen. Andere Male werden wir scheitern – und oft werden wir nicht wissen, was wir dann machen sollen. Solche Situationen sind Gift für die Seele, denn sie verbreiten eine negative Stimmung. Stimmungswandler helfen einem aus solchen Negativspiralen heraus. Stimmungswandler sind ganz einfache Dinge, die man sofort machen kann und die einem gute Laune bereiten. Vielen Menschen hilft es, Musik zu hören und mitzusingen, andere lesen, wieder andere machen Sport. Finden Sie die kleinen Dinge, die Sie glücklich machen, und schreiben Sie mindestens 25 davon auf. In weniger lichten Momenten ist diese Liste Gold wert.

4. Streben Sie nach dem Unbequemen

Die Dinge, die wir am wenigsten tun wollen, sind meistens die Dinge, die uns weiterbringen. Wenn Sie erfolgreiche Menschen nach ihrem Weg fragen, wird Ihnen keiner antworten, dass der Weg ein Spaziergang war oder dass ihnen das Glück einfach zugefallen ist. Sicher hatten auch sie Sorgen und Bedenken – aber sie haben diese überwunden. Eine der Grundlagen für Erfolg ist Veränderung. Fragen Sie sich: Was wäre ich bereit zu tun, um die Situation nach meinen Wünschen zu verbessern? Worauf würde ich verzichten, um die Situation nach meinen Wünschen zu verändern? Überwinden Sie Ihre Ängste, und gehen Sie über Ihre physischen Grenzen. Nur wenn Sie das tun, können Sie auch wirklich etwas verändern.

5. Seien Sie dankbar

Dankbar zu sein löst in uns ein positives Gefühl aus, denn es macht uns bewusst, was uns schon alles an großartigen Dingen passiert ist. Tagtäglich passieren so viele Kleinigkeiten, für die man so selten Dankbarkeit zeigt. Dabei gibt es kaum eine einfachere Art, seine Gedanken grundsätzlich ins Positive zu drehen. Beginnen Sie damit, ein Dankbarkeitstagebuch zu führen, und schreiben Sie jeden Tag fünf Dinge auf, für die Sie jetzt und heute dankbar sind. Sie werden schon bald merken, wie sich Ihr Mindset zu Ihren Gunsten verändert.

6. Machen Sie Geschenke und schaffen Sie Werte.

Geld ist nur ein Transfermittel und hat selbst keinen Wert. Der Wert des Geldes ist abhängig von dem Aufwand, den man betreiben muss, um es zu verdienen, und davon, wie sehr das, was wir uns dafür leisten können, unser Leben verbessert und uns glücklicher macht. Der einfachere Weg zum Glücklichsein ist, anderen Geschenke zu machen und positive Werte zu vermitteln. Beschenken Sie Menschen, die weniger haben als Sie selbst. Arbeiten Sie ehrenamtlich bei Hilfsorganisationen. Bringen Sie anderen die Dinge bei, die Sie können und lieben. Bewirken Sie Gutes in der Welt, und schaffen Sie einen Mehrwert. Seien Sie ein Vorbild für andere. Wenn Sie andere Menschen glücklich machen, machen Sie auch sich selbst glücklich.

7. Fangen Sie so schnell wie möglich an!

Mit den vorangegangenen sechs Tipps habe ich Ihnen wertvolle Methoden zum Entwickeln eines positiven Mindsets an die Hand gegeben – doch der wichtigste Schritt ist, dass Sie einfach starten! Machen Sie sich keinen großen Kopf um etwaige Schwierigkeiten und Probleme, sondern legen Sie los. Natürlich werden Sie Fehler machen und auf die Nase fallen. Doch Sie sammeln dadurch wertvolle Erfahrungen, die Ihnen bei der Prozessanalyse helfen. Lernen Sie konstant aus Ihren Fehlern, und entwickeln Sie sich weiter. Das bringt Sie voran. Sie warten auf den perfekten Moment? Der ist jetzt! Also hören Sie auf zu grübeln, und starten Sie durch.

Die Kunst des Visualisierens

Sicher haben Sie schon oft davon gehört, dass man seine Ziele visualisieren soll, damit man erfolgreich sein kann. Beantworten Sie die folgende Frage: Wenn alles so läuft, wie Sie es visualisieren, wo stehen Sie in einem Jahr? Das Beste an dieser Frage ist, dass Sie die nächsten zwölf Monate vermutlich schon durchgeplant haben. Zumindest grob. Und darum geht es beim Visualisieren: Man soll sich sein Ziel bildlich vorstellen – aber gleichzeitig auch die Schritte, die nötig sind, um es zu erreichen.

Warum aber sollten Sie überhaupt visualisieren? Ganz einfach: Weil Sie dadurch Ihr Unterbewusstsein umprogrammieren, und zwar so, dass es sich auf Ihr Ziel ausrichtet. Und unser Unterbewusstsein bestimmt einen großen Teil unseres Lebens.

Bevor Sie anfangen, zu visualisieren, sollten Sie erst einmal zur Ruhe kommen. Dabei können Ihnen Atemübungen helfen oder auch eine kurze Meditation. Sorgen Sie dafür, dass Sie ungestört sind. Im nächsten Schritt sollten Sie darüber nachdenken, wofür Sie dankbar sind. Wir neigen dazu, uns auf die negativen Dinge in unserem Leben zu konzentrieren. Dadurch beeinflussen wir unsere Visualisierung auf negative Weise, weil wir uns vorstellen, was uns alles fehlt und was wir alles haben und bekommen wollen. Unser Fokus liegt auf einem Mangel. Wenn wir stattdessen Dankbarkeit praktizieren, fokussieren wir uns auf die Fülle in unserem Leben, auf all das, was wir schon überwunden und erreicht haben. Dadurch starten wir unsere Visualisierung mit einem guten Gefühl. Nach diesen beiden Schritten sind Sie optimal auf das Visualisieren vorbereitet.

Stellen Sie sich nun die Situation vor, in der Sie Ihr Ziel erreicht haben. Was sehen Sie? Und was tun Sie in dieser Situation? Gehen Sie noch weiter. Wie fühlen Sie sich in dieser Situation? Geben Sie sich ganz diesen Emotionen hin, und leben Sie sie voll aus. Nehmen Sie die Emotionen wieder mit in Ihre

Gegenwart, und seien Sie die Person aus Ihrer Vision. Das sind die drei Schritte einer erfolgreichen Visualisierung: Sehen, Fühlen und Verkörpern.

Wenn Sie visualisieren, drehen Sie den Film Ihres eigenen Lebens. Sie sind der Drehbuchautor, der Regisseur und der Kameramann – und Sie sind der Hauptdarsteller. Damit der Film aber erfolgreich wird, müssen Sie ihn vollständig sehen und nicht nur den Schluss. Lassen Sie mich an einem Beispiel erklären, was ich meine.

Stellen Sie sich vor, ein Freund aus Kindertagen ruft Sie an und möchte Sie besuchen. Er hat aber kein Navigationssystem, keine Karte oder sonst irgendetwas, was ihm dabei helfen könnte, ihren Wohnsitz zu finden. Sie müssen ihm also den Weg beschreiben. Wie tun Sie das? Sie sagen ihm, wo er auf welche Autobahn auffahren muss, welche Abfahrten zu nehmen sind, wie die Straßen heißen, die er passieren soll, und wo er links und wo rechts abbiegen soll. Sie beschreiben ihm die Strecke bis ins kleinste Detail, damit Sie sichergehen können, dass er Sie auch findet. Sie sagen Ihrem Freund nicht: „Schließ deine Augen. Stell dir ein dreistöckiges Wohnhaus vor. Die Fassade ist in einem Apricot-Ton angestrichen, und die Fenster haben weiße Rahmen. Siehst du das Haus vor deinem inneren Auge? In der Wohnung im zweiten Stockwerk. Ich stehe am Fenster und winke dir zu. Siehst du mich? Jetzt bist du da.“ Ihr Freund kann sich so zwar vorstellen, wie das Haus aussieht, in dem Sie wohnen. Den Weg dorthin hat er aber trotzdem noch nicht geschafft.

Wenn Sie visualisieren, dann stellen Sie sich nicht nur Ihr Ziel vor, sondern auch den Weg, den Sie dorthin gehen werden – und zwar so real wie möglich. Malen Sie sich den Weg mit allen Hindernissen und Schwierigkeiten aus: Sie werden scheitern. Sie werden frustriert sein. Sie werden in Situationen kommen, in denen Sie nicht weiterwissen. Doch Sie werden auch wieder aufstehen. Sie werden aus Ihren Fehlern lernen und Lösungen für Ihre Probleme finden. Und Sie werden trotz allem Ihr Ziel erreichen und erfolgreich sein. Dadurch, dass Sie auch Ihre Herausforderungen visualisieren, üben Sie, auf

Ihre innere Kraft zuzugreifen. So wird es Ihnen leichter fallen, sie auch in Ihrem realen Leben zu aktivieren. Sie können Ihr Verhalten so mental trainieren. Ihr Ziel ist wichtig, aber der Weg dorthin mit allem Drumherum ist es ebenso!

Nun, da Sie wissen, dass Sie einen ganzen Film zu drehen haben, sollten Sie auch dafür sorgen, dass es ein Blockbuster wird. Visualisieren Sie starke, kräftige und lebendige Bilder. Drehen Sie die Farbsättigung voll auf, und bringen Sie Glanz und Helligkeit hinein. Dann drehen Sie die Geschwindigkeit runter. Nehmen Sie jedes einzelne Detail wahr. Die Bilder, aber auch Gerüche und Geräusche. Statten Sie Ihren Film mit einem Dolby-Surround-System der Sinne aus. Das weckt Emotionen in Ihnen – Emotionen, die so stark sind, dass sie Sie immer wieder antreiben werden.

Spielen Sie Ihren ganz persönlichen Film immer wieder vor Ihrem inneren Auge ab. Überwinden Sie immer wieder alle Hindernisse. Stehen Sie immer wieder auf. Und erreichen sie immer wieder Ihr Ziel. Dehnen Sie dieses wunderbare Gefühl des Erfolgs auf Ihren ganzen Körper aus. Sie werden es nie mehr missen wollen.

Visualisieren hilft uns, aber es ersetzt niemals die Handlung. Doch die starken Emotionen, die wir dadurch erzeugen, helfen uns dabei, ins Tun zu kommen.

Wie bei fast allem sollten Sie auch beim Visualisieren zunächst einmal klein anfangen. Daher habe ich hier eine kleine Übung für Sie vorbereitet, die Sie in Ihren Tagesablauf integrieren können.

Übung: Ziele visualisieren

Sorgen Sie für eine ruhige Umgebung, und schalten Sie alle mobilen Endgeräte ab. Geben Sie Ihren Mitmenschen Bescheid, dass Sie die nächsten Minuten nicht gestört werden möchten. Dann begeben Sie sich in eine bequeme Position, schließen Ihre Augen und atmen einige Male tief in den Bauch ein und wieder aus. Rufen Sie sich ins Bewusstsein, was Sie heute oder auch die vergangenen Tage geleistet haben und für wen oder was Sie dankbar sind. Lassen Sie das Gefühl der Dankbarkeit durch Ihren ganzen Körper strömen.

Stellen Sie sich nun ein Ziel vor, das Sie in näherer Zukunft erreichen wollen. Gehen Sie den Weg dorthin vor Ihrem inneren Auge ab. Welche Probleme erwarten Sie? Welche Hürden müssen Sie überwinden? Suchen Sie Lösungsansätze, und spielen Sie ab, wie Sie auf die jeweiligen Situationen reagieren. Räumen Sie Stolperstein um Stolperstein aus dem Weg, und marschieren Sie voran.

Stellen Sie sich vor, wie es sein wird, wenn Sie Ihr Ziel erreichen. Wie werden Sie sich fühlen? Wie großartig wird es Ihnen gehen, wenn Sie angekommen sind? Schüren Sie diese Begeisterung, und nehmen Sie sie mit in das Hier und Jetzt.

Wiederholen Sie diese Übung regelmäßig – am besten täglich. Auf diese Weise erhalten Sie immer wieder die Bestätigung, dass Ihnen alles gelingen kann.

Fokus ist Ihre Superkraft

In diesem Teil des Buches soll es darum gehen, wie Sie Ihren Blick für die wichtigen Dinge in Ihrem Leben schärfen. In den folgenden vier Kapiteln erkläre ich Ihnen, wie Sie Ihren Fokus richtig setzen und konzentriert an Ihren Zielen arbeiten können. Dazu gebe ich Ihnen mehrere Techniken an die Hand, die Sie dabei unterstützen, Prioritäten zu setzen und Ihre Ziele erfolgsorientiert zu formulieren.

Wie Sie Ihre Ziele ins Auge fassen

Ihr Fokus ist so etwas wie Ihre Superkraft. Er ist die maximale bewusste und unbewusste Konzentration von Energie und Aufmerksamkeit auf eine Sache. Vielleicht kommt Ihnen folgendes Phänomen bekannt vor:

Vor kurzem kaufte ich mir eine mintgrüne Sommerhose. Als ich spazieren ging oder einfach in der Stadt unterwegs war, tauchte diese Farbe immer wieder auf. Überall - ob im Straßenverkehr, im Supermarkt oder sonst wo: Auf einmal war fast jedes zweite Auto mintgrün, die Kleider der Leute waren plötzlich mintgrün und warum? Das war bloß meine Wahrnehmung! Es war mir vorher überhaupt nicht aufgefallen.

Was ich Ihnen damit sagen möchte: Je mehr ein bestimmter Reiz oder Zufallsgedanke mit unseren Zielen zu tun hat, desto größer ist die Wahrscheinlichkeit, dass er in unserem Bewusstsein und Unterbewusstsein aufgenommen wird. Wenn Sie also ein bestimmtes Ziel von innen heraus erreichen möchten, werden Sie automatisch neue Möglichkeiten und Wege entdecken, um dieses Ziel auch zu erreichen. Bringen Sie Ihr Ziel ins Zentrum Ihrer bewussten und unterbewussten Wahrnehmung.

Setzen Sie Ihren Fokus gezielt ein, und lassen Sie sich nicht ablenken. Dann gehen Sie automatisch auf Ihr Ziel zu. Durch die veränderte Wahrnehmung werden Sie Ihr Ziel nicht aus dem Blick verlieren. So können Sie genug Energie dafür aufbringen; Fokus und Konzentration sind keine angeborenen Fähigkeiten. Im Folgenden erfahren Sie, wie Sie die besten Rahmenbedingungen für maximalen Fokus schaffen.

Um bestmögliche Ergebnisse erzielen zu können, ist es wichtig, dass Sie sich voll und ganz auf Ihre Sache konzentrieren. Denn ein starker Fokus ist eine wichtige Fähigkeit für Erfolg. Man erreicht das, worauf man sich fokussiert, weil man seine ganze Energie für das eine Ziel bündelt. Wenn Sie sich auf eine Sache, ein Projekt, ein Ziel konzentrieren, werden Sie die Ergebnisse vervielfachen. Das Erste, was Sie tun sollten, ist also, Ihre Ziele *auszumisten*.

Wir machen oft den Fehler, dass wir zu viel auf einmal wollen. Wir machen Pläne für zig Ziele und erreichen doch kein einziges davon. Am Anfang sind wir noch motiviert, doch nach einer Weile stoßen wir an unsere Grenzen. Bei zu vielen Zielen auf einmal bleiben wir auf der Strecke. Wenn man hingegen ein Projekt konzentriert durchzieht, spart man Zeit und Energie, die man wiederum in neue Vorhaben investieren kann. Um Ihre wirklich wichtigen Ziele auszuloten, sollten Sie wie folgt vorgehen:

Schreiben Sie Ihre 25 wichtigsten Ziele auf. Von diesen 25 suchen Sie sich 5 Hauptziele aus, die Sie unterstreichen.

Die restlichen 20 streichen Sie erst mal durch – diese Nebenziele sind es, die Ihnen den Fokus für das Wesentliche rauben. Erledigen Sie erst einmal die 5 wichtigsten Ziele. Dann können Sie diesen Vorgang wiederholen, und es wird sich zeigen, ob die verbliebenen 20 Ziele immer noch so aktuell sind.

Blenden Sie alles aus, was nicht Ihrem Ziel dient. Misten Sie Ihr Smartphone und Ihren Computer aus. Deinstallieren Sie nicht benötigte Apps. Deabonnieren Sie alle unwichtigen Newsletter. Räumen Sie Ihren Schreibtisch au,f und beseitigen Sie alle Störfaktoren. Führen Sie Zeitkontrollen ein. Gestalten

Sie Ihre Umgebung so, dass Sie fokussiert bleiben können. Nehmen Sie neue Projekte nur dann an, wenn sie Ihren Top-5-Zielen von Nutzen sind. Reservieren Sie sich Zeit in Ihrem Kalender für alle wichtigen Vorhaben. Wenn etwas nicht im Kalender steht, dann existiert es auch nicht. Sagen Sie „Nein" zu Ablenkungen während Ihrer Arbeitszeit.

Sorgen Sie auch für ein regelmäßiges Feedback. Überprüfen Sie, ob und wie fokussiert Sie tatsächlich arbeiten. Führen Sie ein Fokustagebuch, in dem Sie jeden Abend Ihren Fokus bewerten. So lässt sich Ihre Entwicklung verfolgen. Am Anfang könnte es sogar von Nutzen sein, eine Woche lang alle 30 Minuten aufzuschreiben, was Sie in den vergangenen 30 Minuten getan haben. Das klingt zunächst etwas extrem, doch es gibt Ihnen ein klares Bild von Ihrer Produktivität und deckt selbst die kleinsten Ablenkungen auf. Das erleichtert Ihnen, neue Fokusziele zu setzen, Ablenkungen zu eliminieren und Ihren Fokus noch weiter zu schärfen. Wiederholen Sie diesen Prozess am besten alle drei Monate.

Nutzen Sie Ihre Superkräfte. Wenn Sie Ihr Ziel möglichst schnell und effektiv erreichen wollen, dann ist Ihre Fähigkeit, sich zu fokussieren, Ihre Geheimwaffe. **Das Beste: Jeder hat diese Fähigkeit.** Sie müssen nur lernen, sie richtig einzusetzen. Damit sollte Ihnen auf dem Weg zu Ihren Zielen nichts mehr im Wege stehen.

Sparen Sie Zeit und Energie mit Prioritäten

Um auf seinem Weg zum Ziel erfolgreich zu sein, ist es von Nutzen, mit seiner Zeit haushalten zu können. Für ein effektives Zeitmanagement ist es wichtig, dass Sie Prioritäten setzen. Um dieses Thema soll es nun in diesem Kapitel gehen.

Um Prioritäten setzen zu können, sollten Sie sich eine Reihe von Fragen stellen. Zu diesem Zweck habe ich hier einen kleinen Fragebogen für Sie vorbereitet. Beantworten Sie jede Frage mit maximal zehn Antworten.

Was brauchen Sie zum Überleben?

Dazu gehören beispielsweise Sachen wie die Arbeit, der Haushalt und die Beziehungen zu anderen Menschen.

Was tut Ihnen gut?

Dieser Bereich befasst sich mit den Dingen, die Ihr körperliches und geistliches Wohlbefinden steigern und Ihnen ein gutes Gefühl vermitteln.

Was ist Ihnen im Leben wichtig?

Notieren Sie hier die Dinge, die Ihnen als essenziell für ein erfülltes Leben erscheinen.

Was möchten Sie erreichen?

Das ist der Bereich für Ihre Ziele in allen Lebensbereichen. Bedenken Sie dabei, dass Sie realistisch bleiben sollten.

Was wünschen Sie sich (wirklich)?

Dieser Punkt geht über Ihre Ziele hinaus, denn er beschäftigt sich mit Ihren Träumen. Dennoch sollten Sie auch hier im realistischen Bereich bleiben.

Wenn Sie alle Fragen beantwortet haben, suchen Sie sich aus Ihren Antworten insgesamt zehn Dinge aus, auf die Sie auf keinen Fall verzichten können. Das sind Ihre Prioritäten. Teilen Sie diese nun weiter auf, indem Sie fünf Haupt- und fünf Nebenprioritäten bestimmen. Anhand dieser Prioritätenliste können Sie nun Ihre Zeit einteilen. Sie zeigt Ihnen an, was sie tun müssen und was Sie tun dürfen.

Die Prioritäten für Ihr Leben haben Sie sich nun ins Bewusstsein gerufen. Wie aber verfahren Sie mit den Aufgaben eines Jahres, eines Monats, einer Woche oder eines Tages? Viele Menschen bedienen sich hier der sogenannten Eisenhower-Matrix. Diese geht auf eine Rede des ehemaligen US-Präsidenten Dwight D. Eisenhower zurück, in der er sagte:

"I have two kinds of problems, the urgent and the important. The urgent are not important, and the important are never urgent."

Demnach beschäftigt sich die Eisenhower-Matrix mit den zwei Variablen Wichtigkeit und Dringlichkeit. Sie teilt anstehende Aufgaben auf vier Felder auf: wichtig und dringend / wichtig, aber nicht dringend / dringend, aber nicht wichtig / weder wichtig noch dringend. Anhand dieser Felder gibt die Matrix Handlungsvorschläge, wie mit den jeweiligen Aufgaben zu verfahren ist.

„Wichtig und dringend“ sind Aufgaben, die akute Krisen und Probleme darstellen und durch festgelegte Deadlines markiert sind. Solche Aufgaben sollten sofort erledigt werden.

Aufgaben der Kategorie „wichtig, aber nicht dringend“ sind solche, die sich mit Ihren Hauptprioritäten befassen und auf Ihre langfristigen Ziele ausgerichtet sind. Diese sollten fest im Kalender eingeplant werden. Leider neigen wir dazu, diese Aufgaben so lange aufzuschieben, bis sie schließlich auch dringend werden. Dabei sind sie es gerade, die für unseren Erfolg relevant sind. Deswegen sollten wir solche Aufgaben in einzelne kleinere Schritte unterteilen und diese ebenfalls fest im Kalender einplanen. So vermeiden wir, dass uns die Puste ausgeht, und wir verfolgen weiterhin unser großes Ziel .

Aufgaben, die „dringend, aber nicht wichtig" sind, sollten noch einmal auf ihre Wichtigkeit überprüft werden, bevor man sie angeht. Sollten sie nämlich doch wichtig sein, rutschen sie automatisch in die erste Kategorie und sollten demzufolge sofort erledigt werden. Sind sie hingegen nicht wichtig, sollten Sie sich fragen, ob Sie tatsächlich der einzige Mensch sind, der dazu in der Lage ist, diese Aufgabe zu erfüllen und sie lieber an jemand anderen weiter delegieren. Lernen Sie, auch mal „Nein" zu sagen.

Sind Aufgaben „weder wichtig noch dringend", handelt es sich zumeist um Zeitfresser – und diese gilt es zu eliminieren. Sollte das nicht möglich sein, sollte man ihre Zeit zumindest begrenzen und diesen Aktivitäten nur in Pausen und als Belohnung nachgehen.

Nehmen Sie Ihren Kalender zur Hand, und wenden Sie die Eisenhower-Matrix an. Planen Sie die wichtigsten Dinge fest ein, und erledigen Sie diese am besten gleich früh am Morgen. Dann haben Sie das Schwerste bereits hinter sich und starten den Tag mit einem positiven Gefühl. Und Sie können die Zeit besser nutzen. Um Ihnen das zu verbildlichen, habe ich hier ein kleines Gleichnis für Sie, das in diesem Bereich sehr häufig verwendet wird:

Stellen Sie sich vor, Sie haben einen Eimer, ein paar große Steine, einige Kiesel, einen kleinen Sack Sand und zwei Flaschen Bier. Die Steine stehen für die Aufgaben, die zur ersten Kategorie gehören (wichtig und dringend), die Kiesel für die Aufgaben, die für Ihr Ziel relevant sind, und der Sand steht für all die Kleinigkeiten, die unsere Zeit verschwenden. Füllen wir nun zuerst den Sand in den Eimer, passen nur noch ein paar Kiesel mit hinein und von den großen Steinen keiner mehr. Beginnen wir jedoch mit den großen Steinen und den Kieseln, kann der feine Sand bequem durch die Lücken rinnen und den Eimer füllen. Sie werden sich jetzt sicher fragen, was es mit den zwei Flaschen Bier auf sich hat. Ich erkläre es Ihnen. Wenn Sie die wichtigen und dringenden Aufgaben zuerst erledigen und sich danach erst den belangloseren Dingen hingeben, bleibt Ihnen genug Raum für Ihre Freizeit, in der Sie beispielsweise mit Ihrem besten Freund ein Bierchen genießen könnten.

Neben all den Aufgaben und Verpflichtungen sollten Sie außerdem auf Ihre Work-Life-Balance achten: Verteilen Sie Ihre Zeit so, dass keiner Ihrer Lebensbereiche zu kurz kommt. Denn wo der eine Sie vielleicht unter Druck setzt, kann der andere diesen Druck wieder ausgleichen und Sie ins Gleichgewicht bringen.

Konzentration kann man lernen

Eine hohe Konzentration ist der Schlüssel zu Bestleistungen in jedem Lebensbereich. Sie ermöglicht ein fehlerfreies Arbeiten, wodurch man Zeit spart und schneller das gewünschte Ziel erreicht. Wenn man konzentriert ist, kommt man leichter in den sogenannten Flow-Zustand und ist dadurch in der Lage, produktiver zu arbeiten. Konzentration ist eine positive Art der Aufregung und bewusst gelenkte Aufmerksamkeit. Dennoch lässt sie sich nicht erzwingen, und jeder Versuch, es zu tun, wirkt sich kontraproduktiv auf Ihre Leistungen aus.

Der größte Feind der Konzentration ist die Ablenkung. Dabei ist Ablenkung etwas völlig Natürliches. In primitiveren Zeiten war es nötig, dass wir möglichst schnell auf Reize unserer Umgebung reagieren, damit wir gegebenenfalls flüchten oder uns zur Wehr setzen können. Das einzige Ziel war es, so lange zu überleben, bis wir uns fortpflanzen konnten, um unsere Art am Leben zu erhalten. Dass wir uns auch heute noch gern mal ablenken lassen, ist ein Überbleibsel aus dieser Zeit. Und das ist auch gut so.

Wie viele Unfälle würden sonst passieren, wenn wir unsere Umwelt ausblenden würden? Doch tatsächlich entsteht nur die Hälfte aller Ablenkungen durch äußere Fremdeinwirkung – unser Gehirn erwartet eine gewisse Menge an Abwechslung. Und wenn diese nicht durch äußere Reize zustande kommen, erfindet das Gehirn selbst welche. Um diesen natürlichen Reflex für sich nutzen zu können, sollten Sie für Reize sorgen, die Ihren Fokus und Ihre Konzentration fördern. Füllen Sie Ihren Tag mit Signalen und Gewohnheiten, die Ihre Aufmerksamkeit auf Ihre Ziele lenken. Achten Sie auf Ihre Verhaltensmuster, denn diese haben einen enormen Einfluss auf die Stärke Ihrer Konzentrationsfähigkeit. So lernen Sie, wie Sie Ihre geistige Leistungsfähigkeit fernsteuern können. Das wird Ihnen dabei helfen, dauerhaft motiviert zu bleiben.

Grundsätzlich entscheidet man zwischen zwei Phasen der Konzentration. Wir brauchen ungefähr acht Minuten, bis wir uns vollends auf eine Sache konzentrieren können. Diesen Zeitraum bezeichnet man als Aufwärmphase. In dieser Zeit sind wir noch besonders anfällig für Ablenkungen. Daher ist es wichtig, gerade in diesen acht Minuten alle Arten von Störungen zu vermeiden.

Denn jedes Mal, wenn wir in unserer Arbeit unterbrochen werden, beginnt die Aufwärmphase von vorn, und wir brauchen wieder um die acht Minuten, ehe wir vollständig konzentriert sind. Haben wir diese Grenze erst einmal überschritten, gilt es, die eigentliche Konzentrationsphase möglichst lange aufrechtzuerhalten. Entweder bis man die Aufgabe, an der man gerade arbeitet, erledigt hat oder aber eine Pause angebracht ist. Ein durchschnittlicher Erwachsener ist fähig, sich ca. 90 Minuten am Stück zu konzentrieren. Danach sollte man sich etwas Ruhe gönnen.

Wie Sie bereits erfahren haben, ist Konzentration eine Fähigkeit, die man sich aneignen und antrainieren kann. Denn wie jeder Teil des menschlichen Körpers ist auch das Gehirn anpassungsfähig und durch spezielle Übungen formbar. Daher folgen nun ein paar Tipps für Ihr persönliches Konzentrationsworkout.

1. Schlafen Sie ausreichend und achten Sie auf Ihren Körper.

Ihre Konzentration ist abhängig von Ihrer körperlichen Verfassung. Nur ein gesunder Körper ist in der Lage, effektiv bzw. effizient zu arbeiten. Daher ist es wichtig, dass Sie stetig auf Ihr körperliches Wohlbefinden achten. Wenn Sie ausreichend trinken und sich ausgewogen ernähren, geben Sie Ihrem Körper den Treibstoff für Ihre Leistungen. Achten Sie darauf, keine stark zuckerhaltigen Getränke zu sich zu nehmen, und beschränken Sie den Konsum einfacher Kohlenhydrate. Greifen Sie stattdessen zu frischem Gemüse und gesunden Fetten in Form von Avocados und Nüssen. Körperliche Betätigung hat positive Auswirkungen auf Ihre Konzentration. Sie fördert ein gesundes

Herz-Kreislauf-System, das wiederum sowohl die Anlieferung von Rohstoffen wie auch den Abtransport von Abfallstoffen über die Blutbahn begünstigt. Außerdem bietet Sport einen Ausgleich zum vielen Sitzen. Doch ebenso wichtig ist ausreichender Schlaf. Denn Müdigkeit stört unseren Fokus und lenkt uns ab.

2. Meditieren Sie täglich

Es gibt wohl kaum eine einfachere und effektivere Methode, seine Konzentration zu schulen. Lernen Sie, sich auf Ihren Atem zu fokussieren und alle anderen Dinge und Gedanken auszublenden. Das wird Ihnen dabei helfen, die so entstehende innere Ruhe auch auf andere Bereiche auszuweiten und in schwierigen Situationen entspannt zu bleiben. Meditation wirkt sich außerdem positiv auf Ihre Gesundheit und Lebenserwartung aus.

3. Lesen Sie, und ziehen Sie gleich einen doppelten Nutzen daraus

Sie trainieren nicht nur Ihre Konzentrationsfähigkeit – Sie eignen sich auch neues Wissen an. Wie bei allem sollten Sie auch hier klein anfangen. Achten Sie unbedingt auf die Auswahl Ihrer Literatur. Widmen Sie sich literarischen Klassikern, Sachbüchern zu Themen, die Sie weiterbringen, und Büchern von anerkannten Wissenschaftlern und Nobelpreisträgern.

4. Vermeiden Sie Ablenkungen, während Sie arbeiten

Ihre Aufmerksamkeit folgt grundsätzlich nur dem, was für Sie interessant ist. Je mehr Quellen des Interesses vorliegen, desto schneller sind Sie abgelenkt. Schalten Sie also Ihr Smartphone ab, oder nutzen Sie es nur noch zu festgelegten Zeiten. Blocken Sie unwichtige Internetseiten wie Social Media und Unterhaltungsseiten für die Zeiträume, in denen Sie arbeiten wollen. Geben Sie den Menschen in Ihrem Umfeld Bescheid, dass Sie für einen bestimmten Zeitraum nicht erreichbar sind.

5. Eliminieren Sie Multitasking

Zu viele Dinge auf einmal machen zu wollen schwächt unseren Fokus, und das führt zu einem Leistungsabfall. Konzentrieren Sie sich immer nur auf eine Sache gleichzeitig. Dann können Sie effizienter arbeiten, sind schneller am Ziel und können sich im Anschluss dem nächsten Projekt zuwenden. So sind Sie unterm Strich produktiver und kommen besser voran.

6. Legen Sie jeden Abend eine To-do-Liste für den nächsten Tag an.

Schreiben Sie auf, was Sie tun wollen, und teilen Sie den einzelnen Aufgaben Zeitblöcke zu. Planen Sie dabei auch Pausen mit ein. Das vermittelt Ihnen ein Gefühl von Produktivität und Sicherheit und programmiert Sie auf den nächsten Tag.

Mit diesen sechs Tipps wird es Ihnen gelingen, Ihre Konzentration in Ihrem Unterbewusstsein zu verankern. Damit Sie das auch praktisch umsetzen können, habe ich hier eine kleine Übung für Sie vorbereitet.

Übung: Zeitfenster

Konzentrieren Sie sich voll und ganz auf eine Sache, und lassen Sie für eine bestimmte Zeit keine äußeren Einflüsse und Ablenkungen zu. Setzen Sie sich eine feste Zeit, z. B. 15 Minuten, und widmen Sie diese einer bestimmten Aktivität, von der Sie sich nicht ablenken lassen. Erweitern Sie das Zeitfenster mit jeder Übungseinheit. Wenn Ihnen diese Übung schwerfällt, dann hilft Ihnen vielleicht leise Hintergrundmusik dabei, Sie vor Ablenkungen abzuschirmen.

Wiederholen Sie diese Übung täglich – am besten immer zur gleichen Zeit. So schaffen Sie es, dass diese Aktivität und das Fokussieren, das mit ihr einhergeht, zu einer Gewohnheit werden. Damit wird es Ihnen immer leichter fallen, Ihren Fokus automatisch scharf zu stellen.

Warum eine gute Zielformulierung der Schlüssel zum Erfolg ist

Um erfolgreich zu sein, ist es wichtig, dass man seine Ziele richtig formuliert. Nur wer seine Ziele klar und erfolgsorientiert definiert, wird in der Lage dazu sein, diese auch zu erreichen. Um eine solche Zielformulierung aufstellen zu können, gilt es einige Dinge zu beachten. Im Folgenden zeige ich Ihnen einige beliebte Strategien, die gern für solche Zwecke verwendet werden.

Die 3 Power P's

Bei den drei Ps handelt es sich um drei Eigenschaften, die erfolgreiche Zieldefinitionen ausmachen: **Sie sind positiv, in der 1. Person Singular und im Perfekt geschrieben.**

Achten Sie bei Ihrer Formulierung auf **positive Aussagen**. Ihre Ziele sind nicht dazu da, etwas zu negieren und abzuschaffen. Sie sollen Ihnen neue Türen öffnen, Sie voranbringen und nicht an Vergangenes und Negatives ketten. Ein kleines Beispiel:

So bitte nicht: *Ich werde keine Süßigkeiten mehr essen, damit ich mein Wunschgewicht erreiche.*

Sondern so: **Ich werde mich ausgewogener und gesünder ernähren, damit ich mein Wunschgewicht erreiche.**

Merken Sie den Unterschied? Eine positive Zielformulierung gibt Ihnen mehr Antrieb, weil sie Sie nicht zwingt, auf etwas zu verzichten, oder Sie an unangenehme Angewohnheiten erinnert.

Wenn Sie Ihre Ziele definieren, verwenden Sie die **Ich-Form**. Auch wenn es sich sonst nicht schickt, ist bei der Formulierung Ihrer Ziele ein gesunder

Egoismus angebracht. Es sind Ihre Ziele, die Sie erreichen wollen. Und dafür müssen Sie arbeiten und einstehen.

Der letzte Punkt ist das **Perfekt**. Formulieren Sie Ihre Ziele so, als hätten Sie sie schon erreicht. Streichen Sie alle Konjunktive, Wünsche oder Futur-Formen. Ein Ziel hat nichts mit einer Wunschformulierung zu tun. Es ist das Ergebnis, das auf Ihre Handlungen folgt. Nehmen wir das Beispiel von oben:

Ich habe mein Wunschgewicht erreicht, weil ich mich gesünder und ausgewogener ernährt habe.

Ziele sind Wirklichkeit. Alles, was Sie tun müssen, ist, ihnen entgegenzugehen.

Zeitstaffelung

Um Ihre Ziele besser im Blick behalten zu können, ist es wichtig, sie in mehrere Teilziele aufzuteilen. Damit man hier nicht den Überblick verliert, kann es helfen, eine klare Staffelung dieser Teilziele, geordnet nach ihrem Ablaufdatum, aufzustellen. Unterteilen Sie Ihr langfristiges Ziel in Jahresziele, Monatsziele, Wochenziele und Tagesziele. So vermeiden Sie Frust und erleben immer wieder kleine Teilerfolge. Um Ihnen das Ganze etwas zu veranschaulichen, hier wieder ein kleines Beispiel:

Das Jahresziel:	Den Marathon am 25.10. absolvierten.
Das Monatsziel:	Mindestens 16-mal laufen gehen.
Das Wochenziel:	4-mal laufen gehen.
Das Tagesziel:	2 Kilometer ohne Pause Joggen.

Ein Zielplan gibt Ihnen Orientierung sowie Sicherheit und hilft Ihnen dabei, an Ihren Zielen dranzubleiben.

Die Praxis - wie Sie richtig durchstarten

Ihre Ziele stehen nun fest. In diesem vierten und letzten Teil des Buches liegt der Fokus nun darauf, wie Sie diese in die Praxis umsetzen können. Erfahren Sie, wie Sie Ihre Ziele dauerhaft präsent halten und so am Ball bleiben. Lernen Sie, wie Sie Ihren Alltag zielorientiert strukturieren, indem Sie erfolgsbringende Gewohnheiten integrieren und so Ihrem Ziel Schritt für Schritt näher kommen.

Denken Sie groß.

Die größte Gefahr, die uns auf unserem Weg zum Erfolg begegnen kann, ist nicht etwa, dass wir uns zu große Ziele setzen und daran scheitern. Vielmehr liegt die Tücke in Zielen, die zu klein sind und zu einfach zu erreichen sind. Denn damit kommen Sie nicht vorwärts. Wenn Sie beispielsweise übergewichtig sind und sich vornehmen, 10 Kilogramm abzunehmen, ist das zwar ein lobenswertes Ziel. Allerdings werden diese 10 Kilogramm nichts an der Tatsache ändern, dass Sie immer noch übergewichtig sind. Nehmen Sie sich stattdessen lieber vor, 50 Kilogramm abzunehmen.

Doch warum ist es so wichtig, dass Sie Ihre Ziele so hoch ansetzen?

Damit Sie Ihre Ziele nicht aus den Augen verlieren, sollten Sie sie möglichst präsent halten. Das geht am besten, wenn Sie Ihre Ziele möglichst groß machen. So fällt es Ihnen nicht nur leichter, den Fokus zu behalten. Sie sind auch motivierter, an Ihrem Vorhaben festzuhalten.

Bringen Sie Ihr Ziel auf die richtige **Begeisterungsgröße**. Verstehen Sie mich nicht falsch: Es ist durchaus wichtig, dass Sie sich auch kleine Zwischenziele setzen. Doch ohne ein inspirierendes Endziel wird es nahezu unmöglich sein, an diesen Zielen dranzubleiben. Ist es aber groß genug, gibt es Ihnen jeden Tag die Energie und Kraft, am Ball zu bleiben, wenn Sie daran denken. Seien Sie sich wirklich sicher, dass Sie das gesetzte Ziel auch erreichen wollen. Fragen Sie sich, warum Sie es erreichen wollen. Das hilft Ihnen bei einer guten Zielformulierung, und die wiederum erzeugt eine größere Anziehungskraft und erleichtert das Fokussieren. Wenn unser Verlangen groß genug ist, werden wir immer einen Weg finden, um das zu erreichen, was wir in unserem Leben haben wollen. Doch das ist nur einer von mehreren guten Gründen, Ihr Ziel möglichst groß zu machen.

Ein weiterer Grund ist, dass wir grundsätzlich dazu neigen, uns und unsere Fähigkeiten zu unterschätzen. Wenn wir uns kleine Ziele setzen, denken wir auch nur an kleine Projekte und kleine Lösungen. Wer groß denkt, erreicht auch mehr. Vergrößern wir unsere Ziele, werden auch die Wege dahin vielfältiger. Durch den Perspektivwechsel lernen wir, umzudenken. Dadurch, dass wir uns große Ziele setzen, erfinden wir uns selbst neu. Wir zweifeln nicht mehr daran, dass wir es schaffen. Wir fragen uns, wie wir es schaffen. Was muss der Mensch können, der dieses Ziel erreicht, und was muss ich tun, um dieser Mensch zu werden? Dadurch entwickeln wir flexible und kreative Wege, die uns ansonsten nie eingefallen wären.

Geben Sie sich also niemals mit kleinen Zielen zufrieden. Denken Sie zehnmal größer. Sie laufen am Ende nicht zwei Kilometer in einer Stunde, sondern 20 Kilometer. Sie verdienen nicht 2.000 Euro im Monat, sondern 20.000 Euro oder mehr. Haben Sie keine Angst vor großen Zielen! Das Schlimmste, was Ihnen passieren kann, ist, dass Sie wieder da landen, wo Sie ohnehin gerade sind.

Auch wenn Ihnen das Ziel utopisch erscheint, probieren Sie es aus – große Ziele haben eine Sogwirkung, die Sie automatisch in die richtige Richtung zieht. Setzen Sie sich dabei aber nicht zu sehr unter Druck. Selbst wenn Sie am Ende nur die Hälfte ihres Ziels erreichen sollten, ist das immer noch besser als Ihre derzeitige Situation. Zehn Kilometer sind mehr als zwei Kilometer, 10.000 Euro mehr als 2.000 Euro. Große Ziele sorgen dafür, dass wir unser ganzes Potenzial nutzen. Und wenn wir sie von vornherein größer machen, haben wir die Gelegenheit, in sie hineinzuwachsen. So müssen wir hinterher nicht bedauern, dass wir es nicht zumindest versucht haben.

Ein letzter Grund für große Ziele ist der Hang des Menschen, sich auf das Negative in seinem Leben zu konzentrieren. Wir neigen dazu, uns auf unsere Fehler, Schwächen und Probleme zu konzentrieren. Dadurch erscheinen sie oft sehr viel größer, als sie eigentlich sind. Wenn wir uns nur kleine Ziele setzten, ließen wir uns viel eher von Hindernissen verunsichern, und Probleme würden uns aus der Bahn werfen. Was wir also tun müssen, ist, unsere Ziele in der Größe anzupassen. Machen Sie Ihre Ziele also so gigantisch, dass sie Ihre Probleme in den Schatten stellen. Bauen Sie sich ein Leben nach Ihren Vorstellungen auf, und schauen Sie einfach mal, was passiert.

Große Ziele helfen uns also auf unterschiedliche Art und Weise. Sie bleiben uns präsent, erhalten unsere Motivation aufrecht, geben uns die Möglichkeit, unser volles Potenzial auszuschöpfen, und sie machen uns standhaft gegen die Widrigkeiten, die uns auf unserem Weg zum Erfolg noch begegnen werden. Unsere Erwartungen und die daraus resultierenden Ziele bestimmen, was wir in unserem Leben erhalten. Wir haben unzählige Möglichkeiten, uns fehlendes Wissen und Fähigkeiten anzueignen und selbst zu einem Experten in unserer Sache zu werden. Denn mit ausreichend Zeit und Einsatz können wir alles erreichen –wir müssen nur dazu bereit sein, das auch zu tun. Wagen Sie also den Schritt, und legen Sie Ihre Messlatte hoch. Schauen Sie über den Tellerrand hinaus, und nutzen Sie Ihre Riesenziele als Kompass. Runterschrauben können Sie sie später immer noch.

Machtvolle Techniken, um Ihre Ziele dauerhaft präsent zu halten

In den letzten Kapiteln bin ich ausführlich darauf eingegangen, wie wichtig es ist, sein Ziel im Blick zu behalten. Doch das ist meist leichter gesagt als getan. Im Alltagsstrudel kann es schon mal passieren, dass man den Fokus verliert und von seinem Weg abkommt. Visualisieren kann dabei helfen, sich wieder auf sein Ziel zu konzentrieren. Noch effektiver sind physische Ankerpunkte, an denen sich nicht nur das geistige, sondern auch das physische Auge orientieren kann. Im kommenden Abschnitt möchte ich Ihnen zwei Techniken vorstellen, mit denen Sie solche mächtigen Ankerpunkte schaffen können.

Das „Vision Board"

Wenn Sie sich schon eine Weile mit dem Thema „Erfolgreich sein" beschäftigen, ist Ihnen der Begriff des Vision Board gewiss schon mal begegnet. Doch was ist ein Vision Board überhaupt?

Je klarer das Bild von Ihren Zielen vor Ihrem inneren Auge ist, desto besser sehen Sie den Weg, der Sie dorthin führt. Das Vision Board ist ein Werkzeug, mit dem Sie Ihre Wünsche, Sehnsüchte und Ziele visualisieren und manifestieren können. Es entsteht, indem Sie Ihre Träume und Visionen mithilfe von Bildern, Zitaten, Texten, Illustrationen und Fotos als Collage zusammenführen.

Durch ein Vision Board halten Sie Ihre Ziele auch optisch präsent, und durch Ihre klar visualisierten Visionen wissen Sie bereits unterbewusst, was die nächsten Schritte auf dem Weg zu Ihren Zielen sind. So handeln Sie automatisch im Einklang mit Ihren Visionen. Zweifel haben somit viel weniger Macht, und Sie ziehen Menschen, Momente und Ereignisse an, die Sie auf Ihrem Weg unterstützen werden.

Im Folgenden erkläre ich Ihnen, wie Sie in vier Schritten Ihr persönliches Vision Board erstellen.

Übung: Ein Vision Board erstellen

1. Definieren Sie Ihre Ziele - klar und deutlich.

Zunächst geht es darum, dass Sie sich Ihrer Ziele bewusst werden. Setzen Sie sich dabei keine Grenzen.

Nehmen Sie sich ein Blatt Papier, und schreiben Sie einfach drauflos. Was lässt Ihr Herz höherschlagen? Seien Sie mutig, und lassen Sie sich nicht von dem Gedanken, dass Sie etwas nicht schaffen könnten, irritieren. Darum geht es hier nicht. Denken Sie groß. Je größer, desto besser.

Wenn Sie Ihre Ziele aufgeschrieben haben, teilen Sie diese in die folgenden zehn Lebensbereiche ein:

- Kreativität
- Geld und Finanzen
- Liebe, Partnerschaft und Sexualität
- Berufliche Erfüllung
- Räumliche Umgebung, Wohnort
- Freizeit, Abenteuer und Urlaub
- Fitness und Gesundheit
- Spiritualität
- Gesellschaftliches Engagement
- Familie und Freundschaft

Darüber hinaus ist es sinnvoll, Ihre Ziele und Visionen auch einer Zeitspanne zuzuordnen. Ich empfehle Ihnen, Ziele zu setzen, die Sie innerhalb der nächsten 3 Jahre, 10 Jahre und 25 Jahre erreichen wollen.

2. Geben Sie Ihren Zielen und Visionen ein Bild

Jetzt ist es Zeit, kreativ zu werden. Sammeln Sie Bilder, Zitate, Texte, Fotos und Illustrationen, die zu Ihren Zielen passen. Hierbei können Sie entweder analog oder digital arbeiten. Meine persönliche Empfehlung ist, die Bilder und Texte auszudrucken. Meiner Erfahrung nach ist die Wirkung größer, wenn Sie mit Ihren eigenen Händen etwas Physisches erschaffen.

Inspirationen, Texte und Bilder finden Sie in Zeitschriften und Broschüren, aber auch online, beispielsweise bei Pinterest oder mit der Google-Suche. Auf Pinterest können Sie auch schon Ihr digitales Vision Board anlegen. Sie können selbstverständlich auch selbst gestalterisch tätig werden und Ihre Ziele malen, zeichnen oder basteln.

Wenn Sie alle Materialien zusammenhaben, ordnen Sie sie am besten nach den Lebensbereichen. Dann haben Sie bereits eine Struktur, und die Gestaltung Ihres Vision Board wird Ihnen leichter fallen.

3. Gestalten Sie Ihr Vision Board

Sollten Sie sich dafür entscheiden, Ihr Vision Board analog anzulegen, beginnt jetzt die Bastelarbeit. Hierbei geht es darum, Ihre Ziele und Visionen als Collage auf einem Untergrund anzuordnen. Dazu eignet sich z. B. ein Plakat, ein Holzbrett, eine Pinnwand, ein Whiteboard oder auch eine Leinwand. Die einzelnen Lebensbereiche helfen bei der Anordnung Ihrer Bilder und Texte auf dem gewählten Untergrund.

4. Finden Sie den perfekten Ort für Ihr Vision Board

Nachdem Sie Ihr Vision Board fertiggestellt haben, benötigt es den richtigen Platz. Im Optimalfall sollte es dort stehen oder hängen, wo Sie es jeden Tag sehen, sodass Sie Ihre Ziele und Visionen jeden Tag vor Augen haben und sich diese so mehr und mehr in Ihrem Unterbewusstsein verankern.

Tipp: Wenn Sie digital gearbeitet haben, können Sie Ihr Vision Board als Bildschirmhintergrund für Ihren Computer und Ihr Mobiltelefon verwenden.

Jedes Mal, wenn Sie an Ihrem Vision Board vorbeigehen bzw. es sehen, bedanken Sie sich in Gedanken dafür, dass Ihre Ziele und Träume in Erfüllung gehen.

Neben dem Vision Board gibt es noch zahlreiche andere Möglichkeiten, wie Sie Ankerpunkte zu Ihren Zielen schaffen können. Doch diese alle aufzuführen würde den Rahmen dieses Buches sprengen. Eine weitere möchte ich Ihnen aber dennoch nicht vorbehalten.

Wenn Sie mit Bildern und Collagen nicht so viel anfangen können, ist die im Folgenden beschriebene Technik vielleicht eher etwas für Sie.

Übung: ein Zukunftstagebuch führen

Neben dem Vision Board gibt es auch andere Möglichkeiten, um Ihre Ziele täglich präsent zu halten. Eine davon ist das Zukunftstagebuch. Es funktioniert ähnlich wie ein normales Tagebuch, nur dass Sie bei diesem so tun, als wären Sie Ihr zukünftiges Ich und als hätten Sie Ihre Ziele schon erreicht. Lesen Sie nun, was Sie für Ihr Zukunftstagebuch brauchen.

Besorgen Sie sich ein Notizbuch – oder Ihren Computer, wenn Sie lieber digital arbeiten –, und setzen Sie sich eine Tasse Tee auf. Dann denken Sie darüber nach, wo Sie in der Zukunft sein wollen.

Was wollen Sie in fünf Jahren erreicht haben? Wo stehen Sie finanziell? Wie sieht Ihre perfekte Beziehung aus? Welches Auto wollen Sie fahren? Fragen

Sie sich alles, was Ihnen wichtig erscheint. Schreiben Sie diese Gedanken in Tagebuchform auf.

Beachten Sie dabei Folgendes:

1. Verwenden Sie positive Formulierungen. Schreiben Sie nicht auf, was Sie nicht wollen, sondern das, was Sie wollen. Wenn Sie es nicht wirklich wollen - wie sollen Sie es denn bekommen? Wollen Sie Ihr Produkt. Wonach Sie fragen, werden Sie auch bekommen.

2. Seien Sie so konkret wie möglich. Benennen Sie Ihr Produkt - wenn möglich in allen Einzelheiten. Sie wollen ein Haus? Was für ein Haus? Welche Farbe? Wie viele Quadratmeter? Wie viele Zimmer? Schreiben Sie alle Details auf.

3. Schreiben Sie so, als wäre es schon wahr. Formulieren Sie keine Wünsche, sondern Tatsachen – auch wenn diese in der Zukunft liegen. Datieren Sie Ihre Einträge fünf oder zehn Jahre in die Zukunft. Dann fühlt es sich glaubwürdiger an.

Haben Sie Ihre Ziele aufgeschrieben, können Sie sie visualisieren. Schließen Sie hierzu Ihre Augen, und atmen Sie tief durch. Stellen Sie sich Ihr Ziel jetzt lebhaft vor, mit allen Details, die Ihnen einfallen. Dann spüren Sie, wie es sich anfühlt, Ihr Ziel erreicht zu haben.

Wiederholen Sie diese Übung am besten jeden Tag für zehn Minuten gleich morgens. So starten Sie Ihren Tag direkt mit einem positiven Gefühl und das wird Ihnen dabei helfen, Ihre Ziele voller Energie und Motivation anzugehen und diese auch schlussendlich zu erreichen.

Wofür Sie sich auch entscheiden: Wichtig ist, dass die Ankerpunkte ständig optisch präsent sind. Also platzieren Sie sie am besten so, dass Sie mindestens einmal am Tag einen Blick darauf werfen. Halten Sie sich Ihren Schlachtplan vor Augen - und Ihre Chancen zu gewinnen werden dramatisch steigen.

Leben Sie zielorientiert!

Der Mensch ist ein Gewohnheitstier. Es liegt also nahe, die Dinge, die einem dabei helfen sollen, seinem Ziel näher zu kommen, zu Gewohnheiten werden zu lassen. Das bedeutet, dass man allgemein unterstützende, hilfreiche und produktive Aktivitäten in seinen Alltag integriert. Dazu gehören auch auf Ihr Ziel abgestimmte Morgen- und Abendrituale.

Stellen Sie sich den klassischen Ablauf eines Morgens vor. Ihr Wecker klingelt. Sie stehen auf und gehen ins Bad, um zu duschen und sich die Zähne zu putzen. Anschließend ziehen Sie sich an, kochen eine Tasse Kaffee und bereiten ein Frühstück zu. Nach dem Frühstück und dem Durchlesen der Tageszeitung gehen Sie zur Arbeit.

Stellen Sie sich ebenso einen typischen Abend vor: Nach dem Abendessen schauen Sie noch ein wenig fern oder nutzen einen der vielfältigen Streamingdienste. Oder Sie lesen ein Buch oder betätigen sich sportlich, ehe Sie wieder im Bad verschwinden, um sich bettfertig zu machen.

Diese und ähnliche Rituale prägen unser Leben schon seit Jahren. Die meisten davon wurden uns bereits im Kindesalter anerzogen, einige haben Sie sich selbst angeeignet, und manch andere haben sich vielleicht auch heimlich und leise in Ihr Leben eingeschlichen. Zu Letzterem zählen auch die schlechten Gewohnheiten. Da Gewohnheiten unser Verhalten prägen und unser Verhalten wiederum bestimmt, wie wir handeln, sollten wir uns darauf konzentrieren, negative Gewohnheiten abzuschaffen und durch gute und erfolgsorientierte zu ersetzen.

Um positive Routinen in Ihren Alltag zu integrieren, ist es wichtig zu wissen, wie sie funktionieren. Jede Gewohnheit, egal ob positiv oder negativ, besteht aus drei Schritten: einem Auslöser, einer Handlung und einer Belohnung. Nehmen wir beispielsweise so etwas Banales wie Zähneputzen. Seit Ihrer

Kindheit hat sich dieses Ritual in Ihrem Alltag verankert. Wenn Sie morgens nach dem Aufstehen oder abends vor dem Schlafengehen Ihr Bad betreten, greifen Sie beinahe automatisch zu Ihrer Zahnbürste. Ins Bad zu gehen ist der Auslöser. Die jahrelange Wiederholung dieses Prozesses hat diesen Ort mit dieser Routine verknüpft. Die Handlung ist das Zähneputzen selbst. Und die Belohnung ist ein frisches und sauberes Mundgefühl.

Ebenso funktionieren schlechte Angewohnheiten. Beispielsweise neigen viele Menschen dazu, Süßes und Ungesundes in sich reinzustopfen, wenn sie frustriert oder gestresst sind. Der Auslöser hier ist also Stress bzw. Frust, und die Handlung ist, Süßkram zu essen. Die Belohnung, die wir dadurch erhalten, besteht darin, dass wir runterkommen und beruhigt sind. Allerdings ist diese Wirkung weder langanhaltend noch ist die Handlung sonderlich gesund. Das Ziel ist es, den Auslöser durch eine alternative Handlung zu stillen. In unserem Beispiel könnte das bedeuten, seine Lieblingsmusik zu hören oder ein Mandala auszumalen.

Wichtig hierbei ist, dass Sie sich die Belohnung bewusst machen. Dazu sollte sie unmittelbar nach der Handlung erfolgen. Belohnungen können in verschiedenen Dingen bestehen. Sie können beispielsweise eine Checkliste führen, auf der Sie die erledigten Punkte abhaken. Oder Sie gönnen sich etwas, das Ihnen guttut und Spaß macht. Eine weitere Möglichkeit ist, zu visualisieren, wie sich die neue Routine positiv auf die Zukunft auswirkt. Wenn eine Tätigkeit Ihnen Freude bereitet, wird die Tätigkeit selbst zu Ihrer Belohnung – das ist das Prinzip der intrinsischen Motivation.

Immer dann, wenn Sie ein neues Projekt beginnen, lohnt es sich, Ihren bisherigen Stand anzuschauen und zu reflektieren. Um neue Routinen etablieren zu können, sollten Sie also zunächst einmal festhalten, wie Ihre bisherigen Rituale aussehen. Ob Zähneputzen, die Einnahme von Medikamente oder die abendliche Runde um den Block – jeder Mensch hat Rituale, denn ohne sie kann der Mensch nicht leben. Vielseitige und gute Gewohnheiten sind wertvoll, denn sie sorgen dafür, dass kein Lebensbereich zu kurz kommt. Die Morgen- und die Abendroutine nehmen dabei eine besondere Stellung ein, denn sie geben dem Tag einen Rahmen.

Die ideale Morgenroutine ...

Ein gutes Morgenritual sollte Ihnen dabei helfen, den alltäglichen Stress zu eliminieren und positiv in den Tag zu starten. Es dient als Stärkung und gibt Ihnen die Energie, Ihre Ziele in Angriff nehmen zu können. Dabei gilt es vor allem eines zu beachten: Der Morgen gehört Ihnen. Er ist Ihre Eigenzeit. Wählen Sie also Aktivitäten, die Ihnen ein positives Gefühl vermitteln und Spaß bereiten. Das gibt Ihnen auch die Energie, diese tagtäglich umzusetzen. Vermeiden Sie jegliche Ablenkung in Form von (Mobil-)Telefon, Social Media, Zeitungen oder Nachrichten. Ihre ausgewählten Routinen sollten Sie nicht in Stress versetzen.

... und die perfekte Abendroutine

Bei der Abendroutine sollten Sie Folgendes bedenken: Alles, was Sie vor dem Schlafengehen tun, hat Auswirkungen auf den nächsten Tag. Diese können sowohl positiv wie auch negativ sein. Je besser Ihre Schlafqualität ist, desto motivierter und leistungsfähiger sind Sie am nächsten Tag. Wenn Sie mit Stress ins Bett gehen, werden Sie auch mit Stress wieder aufwachen.

Abendroutinen sollen Ihnen also Erholungsphasen anbieten und dazu dienen, den vergangenen Tag abzuschließen und den kommenden vorzubereiten. Reflektieren Sie den Tag und die Dinge, die Sie im Laufe des Tages für Ihr Ziel getan haben. Das hilft Ihrem Unterbewusstsein dabei, sie als positive Ergebnisse abzuspeichern. Beseitigen Sie die Spuren des alten Tages, und legen Sie sich die Sachen bereit, die Sie am nächsten Morgen benötigen, um optimal in den neuen Tag zu starten. Das gibt Ihnen das Gefühl von Kontrolle und Sicherheit, und das lässt Sie wiederum schneller in den Schlaf finden.

Ebenso wie der Morgen gehört auch der Abend Ihnen ganz allein. Nehmen Sie sich Zeit für die Dinge, die Ihnen wichtig sind, und setzen Sie diese bewusst um.

Übung: Eine zielorientierte Morgen- und Abendroutine entwickeln

Schreiben Sie Ihre bisherige Morgen- und Abendroutine auf. Gehen Sie morgens zuerst ins Bad oder direkt zur Kaffeemaschine? Lesen Sie abends ein Buch, oder daddeln Sie auf dem Handy? Machen Sie eine Liste mit Ihren Aktivitäten. Fragen Sie auch Ihre Mitmenschen, denn oft ist man sich seiner Gewohnheiten schon gar nicht mehr bewusst. Neben Ihrer Aktivitätenliste sollten Sie außerdem eine Liste mit den Dingen anlegen, die jeden Tag passieren. Notieren Sie sich dabei auch die Zeit und die Örtlichkeit (z. B. 7:30 Uhr – Bad – Zähne putzen, Duschen, Kosmetik). Beide Listen bieten Ihnen mögliche Auslöser an. Die ohnehin schon routinierten Prozesse erleichtern es Ihrem Gehirn, neue Routinen in Ihren Alltag zu integrieren.

Wenn Sie alles aufgeschrieben haben, gehen Sie Ihre Liste durch. Was wirkt positiv auf Sie? Und welche Aktivitäten tun Ihnen nicht mehr gut? Streichen Sie die negativen Punkte und ersetzen Sie sie durch Routinen, die Ihnen dabei helfen, Ihren Tag zu strukturieren und produktiv zu werden. Rituale und Gewohnheiten helfen Ihnen dabei, täglich und kontinuierlich auf Ihr Ziel hinzuarbeiten. Selbst kleine Routinen haben dabei eine große Wirkung.

Im Folgenden möchte ich Ihnen einige Routinen bekannter erfolgreicher Menschen vorstellen. Hierbei handelt es sich einzig und allein um Vorschläge und Inspirationen, die Ihnen dabei helfen können, Ihre eigenen Routinen zu überarbeiten und zu ergänzen. Keine Routine passt für alle Menschen, und es gibt keine Schritt-für-Schritt-Anleitung für die perfekte Routine. Vielleicht finden Sie noch weitere, ganz andere Aktivitäten, die zu Ihnen passen. Ein

Ritual sollte immer eine individuelle Lösung für Sie selbst sein und positive Gefühle in Ihnen hervorrufen.

Der perfekte Start in Tag - Ein Leitfaden

Früher aufstehen und die Zeit produktiv nutzen

Stehen Sie eine halbe oder ganze Stunde früher auf, und nutzen Sie die neu gewonnene Zeit. Entweder um Tätigkeiten zu erledigen, die Ihnen sonst den ganzen Tag keine Ruhe mehr lassen. Oder aber für Aktivitäten, die Ihnen Freude bereiten und Sie positiv stimmen. Zu Ersterem gehören beispielsweise Dinge wie Briefe für die Post fertigzumachen, den Schreibtisch aufzuräumen oder die Wäsche zusammenzulegen. Unter den zweiten Punkt fallen Aktivitäten wie eine längere Wellnessdusche oder das Schmusen mit dem Haustier.

Einen halben Liter Wasser trinken

Da unser Körper über Nacht durch Schwitzen einiges an Flüssigkeit verliert, ist es wichtig, ihm diese morgens direkt wieder zuzuführen. Indem Sie nach dem Aufstehen etwas trinken, geben Sie Ihrem Körper die Möglichkeit, sich zu regenerieren und schädliche Abfallstoffe auszuspülen. Das bringt Ihren Kreislauf in Schwung, und Sie können die neu gewonnene Energie direkt nutzen.

Machcn Sic cinc Rundc Sport

Ebenso aktivierend auf den Körper wirkt eine morgendliche Sporteinheit. Ob Sie dafür ein anstrengendes Ausdauertraining oder aber eine ruhige Yogaeinheit auswählen, bleibt dabei ganz Ihnen überlassen. Die Hauptsache ist, dass Sie Ihren Körper bewegen und damit auf den Tag mit all seinen Aktivitäten vorbereiten.

Meditieren

Nicht nur der Körper, auch der Geist sollte auf den Tag vorbereitet sein. Schaffen Sie Ordnung in Ihren Gedanken, und reduzieren Sie Stress. Hierbei können unterschiedliche Meditations- und Entspannungstechniken helfen. Auch hier sind Sie in Ihrer Wahl völlig frei. Ob autogenes Training, progressive Muskelentspannung oder eine klassische Meditation – wählen Sie das aus, was für Sie am besten funktioniert.

Musik hören oder: Selber machen!

Musik hat große Auswirkungen auf unser Gemüt. Mit der richtigen Musik können wir uns deshalb optimal auf den Tag einstimmen. Dabei ist Musik hören ebenso effektiv, wie sie zu produzieren. Sie könnten beispielsweise Ihren Weckton durch eines Ihrer Lieblingslieder ersetzen. Vielleicht spielen Sie aber auch ein Instrument und beginnen den Tag mit einem belebenden Musikstück; eventuell sind Sie ja ein begeisterter Unter-der-Dusche-Sänger? So oder so – Musik macht auf jeden Fall gute Laune.

Lesen oder schreiben Sie I

Nutzen Sie die zusätzliche Zeit, um sich neues Wissen anzueignen. Lesen Sie, und lassen Sie sich inspirieren: Klassiker der Literatur, Fachbücher oder auch Ratgeber, wie Sie gerade einen in der Hand halten. Oder erschaffen Sie selbst ein schriftliches Werk: Schreiben Sie Ihre Ideen, Ihre Gefühle, Ihr Wissen und Ihre persönlichen Erfahrungen nieder, und lassen Sie andere daran teilhaben. Wer weiß: Vielleicht wird es ja der nächste Bestseller?

Lächeln Sie, strahlen Sie und freuen Sie sich.

Starten Sie Ihren Tag mit einem Lächeln – auch dann, wenn Ihnen eigentlich nicht danach ist. Denn ebenso wie uns schöne Erlebnisse zum Lächeln bringen, können wir uns von vorneherein mit einem Lächeln positiv einstimmen. An dieser Stelle fällt mir eine treffende Szene aus dem Film Eat Pray Love mit Julia Roberts ein. Dort gibt der balinesische Medizinmann Ketut der Protagonistin folgenden Rat: „Lächle mit Gesicht. Lächle mit Geist. Lächle selbst in Leber." Ich denke, diesen Rat sollten wir alle beherzigen. Es macht nicht nur uns selbst gute Laune, sondern auch unseren Mitmenschen.

Dankbar sein und positiv denken I

Fangen Sie damit an, ein Dankbarkeitstagebuch zu führen. Überlegen Sie sich täglich mindestens fünf Dinge, für die Sie dankbar sind, und schreiben Sie sie auf. Dieser Prozess zeigt Ihnen die Fülle in Ihrem Leben und hilft Ihnen dabei, negative Gedanken abzulegen und positiv zu denken. Aus dieser Position heraus lässt es sich besser fokussieren.

Frühstücken

Klingt banal, aber muss sein. Es wird von den meisten Menschen oft unterschätzt und vernachlässigt. Das Frühstück ist die wichtigste Mahlzeit des Tages. Daher sollte diese auch besonders ausgewogen und nährstoffreich sein. Nehmen Sie sich also die Zeit, um ein richtig gutes Frühstück vorzubereiten. Zelebrieren Sie sowohl die Zubereitung wie auch das Verspeisen der Lebensmittel. Nehmen Sie jede einzelne Komponente dieser Mahlzeit wahr, und erfreuen Sie sich an dem, was Sie geschaffen haben.

Zeit mit den Liebsten verbringen I

Ihre sozialen Kontakte sollten nicht zu kurz kommen. Nutzen Sie die zusätzliche Zeit, und verbringen Sie sie mit Ihren Liebsten, beispielsweise bei einem gemeinsamen Frühstück. Oder treffen Sie sich schon ein paar Minuten vor der Arbeitszeit mit Ihren Kollegen und Freunden, um sich über private Belange auszutauschen.

Ziele visualisieren

Damit Ihre Morgenroutine auch zielorientiert ist, sollten Sie sich in deren Rahmen auch mit Ihren Zielen beschäftigen. Schreiben Sie Ihre Ziele auf – kurzfristige wie langfristige –, und lesen Sie sie durch. Führen Sie ein Zukunftstagebuch, und sehen Sie sich Ihr Vision Board an. Visualisieren Sie Ihre Ziele – eventuell auch im Rahmen einer kurzen Meditation. Je öfter Sie Ihrem Unterbewusstsein Ihre Ziele auftischen, desto eher wird es diese aufnehmen und Ihnen die Arbeit daran erleichtern.

Tagesablauf planen und ein Tagesziel setzen

Schreiben Sie sich auf, was Sie für den heutigen Tag geplant haben. Fragen Sie sich bei Ihrer Planung auch, was Sie heute Gutes tun können. Bestimmen Sie ein Tagesziel, und legen Sie Prioritäten und gegebenenfalls auch zeitliche Rahmen fest. Blocken Sie sich einen Zeitraum, in dem Sie nur an Ihren Zielen arbeiten wollen. So ein Tagesplan gibt Ihnen das Gefühl, alles im Griff zu haben, und Ihrem Tag eine Struktur, an der Sie sich orientieren können.

Eat the Frog first!

Jeder Mensch hat diese eine Aufgabe auf seiner Liste stehen, die er ständig vor sich herschiebt, weil sie schwierig, kompliziert, nervig oder auf eine andere Art und Weise unangenehm ist. Da Sie sie aber nie angehen und endlich abhaken können, geistert diese Aufgabe ständig in Ihrem Kopf herum und lenkt Sie von den wirklich wichtigen Dingen ab. „Eat the Frog first" bedeutet, dass Sie solche ekligen Aufgaben direkt am Morgen erledigen sollten, damit Sie den Kopf frei haben und an Ihrem Erfolg arbeiten können.

Ein gelungener Tagesabschluss

Schalten Sie Ihre mobilen Endgeräte aus

Schalten Sie Ihr Handy eine halbe oder ganze Stunde, bevor Sie zu Bett gehen ab, oder stellen Sie es auf lautlos. Ebenso wie der Morgen gehört auch der Abend Ihnen ganz allein. Sorgen Sie also dafür, dass Sie nicht mehr gestört werden.

Rückblick

Am Ende jedes Tages sollten die Erlebnisse noch einmal reflektiert werden. Halten Sie die positiven wie auch die negativen Dinge fest. Aber fokussieren Sie sich auf das Gute! Auf das, was Ihnen gut gelungen ist und wofür Sie dankbar sein können. So entwickeln Sie ein besseres Verständnis für Ihre Verhaltensmuster und Gefühle und begünstigen eine unterbewusste Auseinandersetzung und Verarbeitung damit.

Dankbar sein und positiv denken II

Sofern nicht schon am Morgen geschehen, sollten Sie auf jeden Fall jetzt noch festhalten, wofür Sie heute dankbar sind. Das stimmt Sie positiv und begünstigt einen entspannten Abend.

Planung

Betrachten Sie Ihre Liste, die Sie am Morgen aufgesetzt haben, und haken Sie die erledigten Aufgaben ab. Merken Sie sich noch nicht erledigte Dinge vor, und beziehen Sie diese in die Planung des nächsten Tages mit ein.

Lesen oder schreiben Sie II

Wenn Sie es nicht bereits morgens getan haben, können Sie die abendlichen Stunden nutzen, um sich in ein Buch Ihrer Wahl zu vertiefen oder Ihre eigenen Gedanken zu Papier zu bringen.

Aufräumen

Beseitigen Sie die Spuren des Tages, und schaffen Sie Ordnung. Räumen Sie schmutziges Geschirr und Besteck in die Spülmaschine, ordnen Sie Ihren Schreibtisch, und bringen Sie den Müll nach unten. Ist unsere Umgebung unordentlich, findet zumeist auch unser Geist keine Ruhe. Indem Sie aufräumen, gehen Sie mit dem guten Gewissen, noch etwas Sinnvolles getan zu haben, zu Bett.

Frühstück vorbereiten

Einige Menschen haben morgens weder Lust noch Zeit, sich ein vernünftiges Frühstück zuzubereiten. Für sie bietet es sich an, bereits abends dafür Vorkehrungen zu treffen: Gemüse und Obst schneiden oder Proviant für unterwegs abpacken sind Tätigkeiten, die man in aller Ruhe auch abends machen kann.

Kleidung herauslegen

Vermeiden Sie morgendliche Hektik vor dem Kleiderschrank, indem Sie sich bereits abends das Outfit für den nächsten Tag bereitlegen.

Tasche packen

Packen Sie die Tasche für den nächsten Tag bereits am Abend vorher. So sparen Sie sich morgens die Hetze beim Zusammensuchen der benötigten Gegenstände und Unterlagen.

Spazieren gehen

Viele Menschen empfinden einen abendlichen Spaziergang als entspannend. Die kurze Runde um den Block kann dabei helfen, den Kopf noch einmal durchzulüften. Und der Körper freut sich über ein bisschen ungezwungene Bewegung nach einem Tag, an dem man womöglich viel gesessen hat.

Körperpflege

Vielleicht gehören Sie zu den Menschen, die sich mit der Pflege ihres Körpers lieber abends als morgens beschäftigen. Dann können Sie Ihrem Körper nach einem anstrengenden Tag ein kleines Verwöhnprogramm bieten. Duschen oder baden Sie ausgiebig, verwenden Sie eine gut duftende Körperlotion, und gönnen Sie sich eine Gesichtsmaske oder ein Peeling. Spannen Sie aus, und lassen Sie es sich gut gehen.

Zeit mit den Liebsten verbringen II

Wie schon morgens können Sie auch den Abend für Zeit mit Ihren Liebsten nutzen. Dazu kann beispielsweise das gemeinsame Abendbrot genutzt werden. Oder veranstalten Sie doch mal wieder einen Brettspielabend.

Zur Ruhe kommen und negative Gedanken ablegen

Gerade abends kommt der Mensch gern ins Denken und hängt seinen – oft negativen – Gedanken nach. Versuchen Sie nicht, diese zu ignorieren. Schreiben Sie die Gedanken stattdessen lieber auf. Dann geistern sie Ihnen nicht mehr im Kopf herum. Meditationen und Entspannungsübungen helfen Ihnen zusätzlich dabei, zur Ruhe zu kommen.

Musik zum Einschlafen

Musik hat, wie bereits erwähnt, einen großen Einfluss auf unsere Emotionen. Wo am Morgen belebende Musik von Vorteil ist, sollte am Abend eher auf ruhigere bzw. klassische Musikstücke zurückgegriffen werden.

Genügend Schlaf einplanen - und durchsetzen!

Die gesunde Schlafdauer ist bei jedem Menschen ganz individuell – manchen genügen fünf Stunden, andere wiederum benötigen neun Stunden Schlaf, um wirklich ausgeruht zu sein. Was viele aber nicht bedenken, ist, wie lange sie brauchen, bis sie ins Land der Träume entschwinden. Sind Sie ein Mensch, der wie auf Kommando einschlafen kann, oder liegen Sie gut und gern noch eine halbe oder länger Stunde wach? Bedenken Sie das bei Ihrer Abendplanung.

Welche Routinen haben Sie angesprochen? Schreiben Sie sich die betreffenden Aktivitäten auf, und probieren Sie sie direkt aus. Haben Sie keine Bedenken, wenn Sie sich nicht sofort in ihre neuen Rituale einfinden oder sich nicht direkt eine automatische Wirkung zeigt. Es ist wissenschaftlich erwiesen, dass Gewohnheiten etwa 30 bis 66 Tage brauchen, um zu festen Routinen zu werden. Geben Sie ihnen diese Zeit, und bewerten Sie erst dann ihren Einfluss. Wichtig ist dabei nur, dass Sie auch dranbleiben und die Routinen täglich wahrnehmen. Dann werden Sie auch eine grundlegende Veränderung wahrnehmen.

Beim Aneignen neuer Routinen sollten Sie sich zunächst auf eine Gewohnheit konzentrieren. Wenn Sie Ihre Gewohnheiten Schritt für Schritt und nacheinander ändern, werden Sie viel eher Erfolg haben – auch wenn es Ihnen zunächst langwierig vorkommt.

Alles, was Sie jetzt noch tun müssen, ist, aus den einzelnen Puzzleteilen Ihre persönlichen, für Sie passenden Routinen zusammenzustellen. Dabei können Ihnen folgende Fragen helfen:

- **Was möchten Sie ändern?**
  (Beispiel: jeden Abend eine halbe Stunde vor dem Schlafengehen aufräumen)

- **Warum möchten Sie es ändern?**
  (Beispiel: Unordnung und Hinterlassenschaften des Tages beseitigen, um mit dem Tag abzuschließen, schneller einen ruhigen Schlaf zu finden und am nächsten Morgen erholt aufzuwachen)

- **Was sind Ihre Auslöser?**
  (Beispiel: ein Wecksignal zur geplanten Uhrzeit)

- **Wie reagieren Sie auf diese Auslöser?**
  (Beispiel: nacheinander durch die Wohnräume gehen und Gegenstände an ihren Platz zurückräumen)

- **Was ist Ihre Motivation?**
  (Beispiel: kleinere Arbeiten erledigen, bevor sie sich zu großer Arbeit stapeln)

- **Was ist Ihre Belohnung?**
  (Beispiel: mit dem Gefühl, etwas Positives geleistet zu haben, zu Bett gehen und in einer aufgeräumten Umgebung in den Tag starten)

- **Wie lange werden Sie diese neue Gewohnheit bewusst ausführen?** (Beispiel: mindestens 66 Tage)

Gestalten Sie Ihre Routinen nach Ihren Wünschen. Jedes Mal, wenn Sie sie durchführen, sollte das ein positives Gefühl in Ihnen wachrufen und Sie dazu motivieren, weiterzumachen. Bedenken Sie: Rituale sollen Sie nicht unter Zwang setzen. Im Gegenteil: Sie sollen frei machen. Wichtig ist, dass Sie Ihre Routinen regelmäßig reflektieren und anpassen.

Schritt für Schritt zu Ihrem Ziel

Der Mensch ist grundsätzlich darauf gepolt, seine Ziele so schnell wie möglich umzusetzen. Am besten innerhalb einiger Tage oder Wochen – das gilt auch für größere Vorhaben. Daher versucht er, das wie auch immer geartete Ziel mit einem enormen Kraftaufwand zu erreichen. Doch dieses Handeln führt eher dazu, dass der Betreffende schnell wieder aufgibt, weil ihm entweder die Energie ausgegangen oder aber das erreichte Ziel nicht nachhaltig ist. Auf dem Weg zu Ihrem Erfolg erwarten Sie Anstrengung, Hindernisse und auch der ein oder andere Rückschlag. Was folgt, ist Frustration und Demotivation.

Daher ist es umso wichtiger, dass Sie in kleinen Schritten darauf zugehen. Das schafft zum einen immer wieder bestätigende Erfolgserlebnisse, die Ihre Motivation anfeuern. Zum anderen fallen Sie nicht gleich in ein kilometertiefes Loch, sollte einer Ihrer Schritte doch nicht gleich auf Anhieb funktionieren. Außerdem bedarf es nicht übermäßig viel Energie, ein kleines Ziel zu erreichen. Trotzdem bringt es uns unserem Überziel näher, denn es ist die Summe an Minierfolgen, die den großen Erfolg letztendlich ausmacht.

Damit auch der kleinste Schritt gelingen kann, ist es wichtig, dass Sie sich täglich mit Ihren Zielen beschäftigen. Visualisieren Sie Ihre Ziele, schreiben Sie sie sich auf, und hängen Sie motivierende Zitate oder Bilder dazu auf. Tun Sie, was immer Ihnen Ihre Ziele täglich präsent hält. Was auch motivierend wirkt, ist die sogenannte Fremdkontrolle. Kündigen Sie Ihr Vorhaben in Ihrem Familien-, Freundes- und Bekanntenkreis an. Machen Sie es öffentlich. Gehen Sie in die Verantwortung gegenüber anderen Leuten. Das setzt Sie unter Druck – nicht so viel, dass Sie durch erhöhten Stress ein Burn-out erleiden könnten, aber gerade genug, um Sie am Ball zu halten. Schließlich wollen Sie hinterher nicht blöd dastehen, wenn Sie Ihr Ziel nicht erreichen. Deshalb werden Sie alles dafür tun, damit genau das eben nicht passiert.

Kleine Schritte helfen Ihnen dabei, ins Machen zu kommen und im Machen zu bleiben. Gerade zu Beginn werden Sie oft nicht wissen, womit Sie jetzt genau anfangen sollen. Oder Ihr innerer Schweinehund versucht, Sie zur Prokrastination zu überreden. Gerade auch dann, wenn Sie durch unvorhergesehene Umstände wie ein veränderter Arbeitsplan oder eine Krankheit aus Ihrem Rhythmus gebracht werden, kann es schwer sein, diesen wieder aufzunehmen. Dann sollten Sie mit Babyschritten arbeiten. Sie wollen ein Buch schreiben? Beginnen Sie mit zehn Sätzen. Sie sind Künstler und müssen eine Auftragsarbeit erledigen? Legen Sie sich schon mal die Materialien zurecht. Sie werden merken: Sobald Sie erst einmal angefangen haben, sich mit der Aufgabe zu beschäftigen, wird es Ihnen sehr viel leichter fallen, die Motivation zum Weitermachen zu finden.

Ebenfalls hilfreich ist die Erstellung eines groben Fahrplans. Wann wollen Sie Ihr Ziel erreicht haben? Welche Schritte sind dafür nötig? Und wann sollte welcher Schritt getan werden? Anhand dieses Gerüsts können Sie so jede Woche konkrete Handlungsschritte ins Auge fassen und angehen. Reservieren Sie sich jeden Tag einen Zeitraum von 30 bis 60 Minuten, in denen Sie sich nur mit Ihrem Ziel beschäftigen und aktiv etwas dafür tun. Durch die regelmäßige Arbeit an Ihrem Erfolg wird eine Automatisierung in Gang gesetzt, die Ihnen den Fortschritt erleichtert. Außerdem lassen sich solche kurzen Zeiteinheiten wunderbar in den Tag integrieren.

Mit der folgenden Übung möchte ich Ihnen eine Technik an die Hand geben, mit der Sie so einen Fahrplan anfertigen können.

Übung: Etappentechnik

Denken Sie darüber nach, wann Sie Ihr Endziel erreicht haben wollen. Seien Sie dabei möglichst realistisch. Sie werden in sechs Monaten kaum ein eigenes gewinnbringendes Unternehmen aus dem Boden stampfen. Aber in drei Jahren vielleicht. Oder auch in zehn. Dabei ist vor allem wichtig, dass Sie selbst es für realisierbar halten. Nur wenn Sie daran glauben, können Sie Ihr Ziel auch erreichen.

Legen Sie nun die einzelnen Etappen fest. Was wollen Sie in einem Jahr erreicht haben? Was in einem Monat? Was bis nächste Woche? Machen Sie einen konkreten Plan, nach dem Sie vorgehen können. So haben Sie immer wieder Erfolgserlebnisse, die Ihnen dabei helfen, motiviert zu bleiben.

Ein kleiner Tipp: Sollte es Ihnen schwerfallen, einen Anfangspunkt zu finden, dann satteln Sie das Pferd von hinten auf. Beginnen Sie mit dem Schluss. Was ist der letzte Schritt auf dem Weg zu Ihrem persönlichen Ziel? Welcher Schritt kommt davor? Arbeiten Sie sich so von hinten nach vorn durch, bis Sie in der Gegenwart angekommen sind.

Ihre übergeordnete Strategie ist nun aufgestellt, und Sie können damit anfangen, konkrete Handlungen einzuplanen. Bedenken Sie hier jedoch auch, dass das Leben einem gelegentlich gern mal einen Strich durch die Rechnung macht.

Manche Ereignisse können Sie aus der Bahn werfen oder Ihr Vorankommen verzögern. Lassen Sie sich hiervon nicht entmutigen. Seien und bleiben Sie flexibel. Dann kann Ihnen nichts passieren.

Das Wichtigste ist, dass Sie in die Umsetzung kommen.
Denn der Schlüssel zum Erfolg ist: T-U-N!

Das Grande Finale.

Wie Sie Ängste und Zweifel abbauen

Wir nähern uns nun dem Ende dieses Buches, und Sie sind in Ihrem Vorhaben hoffentlich schon ein ganzes Stück weitergekommen. Sie haben sich konkrete und SMARTe Ziele gesetzt und gelernt, wie Sie mit Fokus und Motivation an diesen arbeiten können. Darüber hinaus haben Sie erfolgsorientierte Routinen in Ihren Alltag integriert und dafür gesorgt, dass Ihre Ziele ständig präsent sind. Sie wissen genau, dass Sie jetzt bereit sind, endlich loszulegen. Und trotzdem tun Sie es nicht. Woran liegt das?

Dass wir oft so lange zögern, unsere Ziele wirklich anzugehen, liegt daran, dass wir Angst haben. Angst zu scheitern. Angst vor Misserfolgen. Angst, dass es uns schlechter gehen könnte als zum Zeitpunkt des Starts. Diese Ängste zu haben ist nichts Schlechtes. Allerdings sollten Sie sich von ihnen nicht in Ihrem Handeln blockieren lassen. Akzeptieren Sie Ihre Ängste, denn das ist der erste Schritt, um sie zu beherrschen. Fragen Sie sich: Was ist das Schlimmste, was passieren kann? Dass Ihr Projekt nicht gelingt? Dass Sie am Ende wieder da landen, wo Sie jetzt stehen? Wenn Sie es nicht versuchen, bleiben Sie von vorneherein dort stehen. Und Sie werden Ihr Leben lang bereuen, dass Sie es nicht versucht haben.

Das alles bedeutet nicht, dass Ihre Ängste nicht gerechtfertigt sind. Auf dem Weg zu Ihrem Erfolg werden Ihnen viele Hindernisse begegnen. Sie werden Probleme lösen und Herausforderungen meistern müssen. Doch das größte Hindernis auf Ihrem Weg zum Erfolg ist die Angst selbst. Sie verhindert, dass Sie handeln können. Sorgen und Ängste lähmen Sie. Sie kennen sicher den Begriff der sich selbst erfüllenden Prophezeiung: Wenn Sie denken, dass Sie etwas nicht schaffen können, dann werden Sie es auch nicht schaffen.

Doch ich habe eine gute Nachricht für Sie: Sie können die sich selbst erfüllende Prophezeiung zu Ihrem Vorteil nutzen. Denn anstatt sich die negativen Situationen vorzustellen, können Sie sich ebenso gut die positiven Bilder ausmalen. Folgende Übung kann Ihnen dabei helfen:

Übung: Visualisierungen umkehren

Achten Sie bewusst auf Ihre Gedanken. Immer dann, wenn das Gefühl der Sorge in Ihnen aufkommt, fragen Sie sich, an was Sie gerade gedacht haben. Vermutlich war es etwas Negatives.

Nehmen Sie diesen Gedanken an und ärgern Sie sich nicht darüber. Sehen Sie ihn viel eher als Chance. Denn Sie können diesen Gedanken nun verwandeln. Stellen Sie sich die gleiche Situation mit einem positiven Verlauf vor. Was würde passieren, wenn alles optimal vonstattengeht? Jedes Mal, wenn Sie einen negativen Gedanken durch eine positive Alternative ersetzen, verschwinden Ihre Ängste. Mit der Zeit werden Sie sich immer weniger Sorgen machen, und positive Bilder zu erschaffen wird Ihnen immer leichter gelingen.

Eine weitere Sache, die Ihnen helfen kann, ist, Ihre Zweifel aufzuschreiben. Wenn wir uns Sorgen machen, fliegen die Gedanken kreuz und quer durch unseren Kopf und verursachen ein schreckliches Chaos. Wenn wir sie zu Papier bringen, haben wir die Gelegenheit, sie zu ordnen. Wir können sie genauer betrachten und hinterfragen. Ergibt das, was Sie da denken, überhaupt Sinn? Wollen sie das überhaupt denken? In den meisten Fällen werden Sie feststellen, dass Ihre Zweifel unbegründet und völliger Schwachsinn sind. Wenn Ihre Gedanken nicht mehr in Ihrem Kopf herumspuken, ergreifen sie keinen Besitz mehr von Ihnen. Sie zu Papier zu bringen hilft Ihnen dabei, sich von ihnen zu lösen. So können Ihre Zweifel Sie nicht länger blockieren.

Wichtig ist, dass Sie jetzt anfangen zu handeln und auch dranbleiben – Durchhalten ist der Schlüssel zum Erfolg. Lassen Sie sich nicht unterkriegen, ablenken oder abwerben. Warten Sie nicht auf Lob und Wertschätzung. Hören Sie auf Ihre innere Stimme und auf Ihr Herz. Akzeptieren Sie Ihre Schwächen und bauen Sie auf Ihre Stärken. Die Angst, nicht zu genügen, existiert nur in Ihrem Verstand.

Lassen Sie Ihre Zweifel hinter sich, und fangen Sie an, Ihre Ziele zu verwirklichen. Gehen Sie Ihren Zielen mutig entgegen. Es wäre eine Lüge, wenn ich Ihnen sagte, Ihr Ziel zu erreichen wäre ein Spaziergang. Doch trotzdem sollten Sie standhaft bleiben und niemals aufgeben. Denn mit jedem gelösten Problem und jeder überwundenen Hürde werden Sie über sich hinauswachsen und Ihrem Ziel Schritt für Schritt näherkommen.

Trauen Sie sich. Lassen Sie sich inspirieren, vorantreiben, und kommen Sie zu Ihrem wohlverdienten Erfolg.

Wieso Sie auf die Meinungen anderer pfeifen sollten!

In diesem nun wirklich letzten Teil des Buches möchte ich Sie dazu anregen, sich unabhängig von anderen zu machen, und Ihnen erklären, wieso es nicht wichtig ist, was andere über Sie und Ihr Vorhaben denken. Lassen Sie sich nicht von Ihren Mitmenschen verunsichern oder gar von Ihrem Weg abbringen. Denn der einzige Mensch, für den Sie die Verantwortung tragen, sind Sie selbst.

Kennen Sie den Placeboeffekt? Ein Arzt verschreibt Ihnen ein Medikament mit dem Versprechen, dass es Ihre Leiden lindern, wenn nicht sogar kurieren wird. Sie nehmen dieses Medikament und merken tatsächlich, wie es Ihnen nach und nach besser geht. Irgendwann sind Ihre Leiden sogar ganz verschwunden. Nach einer gewissen Zeit besuchen Sie wieder Ihren Arzt, um ihm von dem Erfolg zu berichten und sich bei ihm zu bedanken. Und er klärt Sie darüber auf, dass Sie in den vergangenen Wochen eigentlich nur Pfefferminzdrops geschluckt haben. Geheilt hat Sie nur der Glaube an die Wirksamkeit der Pillen.

Ich habe in diesem Buch mehrmals die Kraft unserer Gedanken angesprochen. Dieses Beispiel sollte sie Ihnen abermals verdeutlichen. Viel zu oft werden wir dadurch blockiert, dass wir uns Gedanken um die Gedanken anderer machen. Dabei ist es nicht wichtig, was andere über uns und unsere Projekte und Ideen denken. Es zählen einzig und allein Ihre Gedanken, denn sie bewirken das, was in der Psychologie als Selbstwirksamkeit bezeichnet wird. Glauben Sie an sich und Ihre Ideen, dann setzen Sie ungeahnte Kräfte frei.

Wenn andere etwas über Sie denken, dann ist das deren Meinung. Dass Sie Angst davor haben, von Ihren Mitmenschen verurteilt oder bewertet zu werden, ist völlig normal und ganz natürlich. Doch statt sich von dieser Angst hemmen zu lassen, sollten Sie sie akzeptieren. Wehren Sie sich nicht dagegen, dass Sie sich Gedanken über die Gedanken anderer machen, aber ärgern Sie sich nicht darüber. Das kostet Sie nur unnötig Zeit und Energie, die Sie für sinnvollere Dinge einsetzen könnten. Fragen Sie sich immer, bei wem das Problem liegt. Offenbar ist es der andere Mensch, den etwas stört, also lassen Sie es nicht zu Ihrem Problem werden. Bedenken Sie auch, dass nicht jeder Mensch Sie mögen kann. Wir können es nicht allen recht machen. Denn selbst wenn wir es schaffen würden, allen anderen gerecht zu werden, würde eine Person auf der Strecke bleiben – und zwar wir selbst.

Fokussieren Sie sich lieber auf die Menschen, von denen Sie wissen, dass sie Sie mögen und dass Sie sich auf sie verlassen können. Investieren Sie Ihre Zeit und Energie lieber in diese wertvollen Beziehungen, denn diese Menschen sind ehrlich zu Ihnen und sagen, was sie denken. Quälen Sie sich nicht mit den möglichen schlechten Gedanken anderer Menschen, denn diese haben kein Recht dazu, schlecht über Sie zu denken. Dieses Recht bekommen sie nur, wenn Sie es zulassen. Teilen Sie Ihre Träume und Ängste mit den Menschen, die Ihnen guttun, denn diese werden Sie auf Ihrem Weg begleiten und unterstützen.

Doch auch hier ist Vorsicht geboten. Manche Menschen geben Ihnen gern Ratschläge, wie Sie dieses oder jenes handhaben sollten. Doch auch wenn diese noch so gut gemeint sind, werden wir dadurch oft verunsichert. Wenn Sie sich vor dem Gespräch Ihrer Sache noch sicher waren, sollten Sie nicht unbedingt auf jeden Ratschlag hören. Auch wenn er Sie auf etwas hingewiesen hat, was Sie vielleicht übersehen haben, heißt das noch lange nicht, dass Sie ihm folgen müssen. Der Mensch, der Sie beraten hat, hat eine völlig andere Lebenserfahrung als Sie und damit auch eine komplett andere Sicht auf das Leben. Er hat auch nicht Ihr Hintergrundwissen oder Ihre Gefühle. Seine Werte sind nicht die Ihren. Für den einen hat die Familienplanung Vorrang, ein anderer arbeitet an seiner Karriere, ein weiterer konzentriert sich auf seine Hobbys oder das Reisen. Lassen Sie sich nicht von anderen deren Werte aufzwingen, denn sie stimmen nicht mit Ihren überein, und sie werden Sie nicht glücklich machen. Einige Menschen sind möglicherweise neidisch auf Sie und auf das, was Sie planen oder auch schon erreicht haben. Und Neid ist immer ein sehr schlechter Ratgeber. Andere sind vielleicht zufrieden mit Ihrer jetzigen Situation und möchten nicht, dass sich etwas verändert. Oder sie machen sich Sorgen darum, was aus Ihnen wird, wenn etwas doch mal nicht so läuft, wie Sie es geplant haben. Doch Sie sind nicht dafür verantwortlich, dass andere sich besser fühlen. Es geht darum, Ihr eigenes Leben zu verbessern. Und das wird nicht passieren, wenn Sie anderen zuliebe alles so lassen, wie es ist.

Ein weiser Mensch, Eleanor Roosevelt, sagte einst:

„Große Geister diskutieren über Ideen. Durchschnittliche Geister diskutieren über Geschehnisse. Kleine Geister diskutieren über Menschen."

Seien Sie groß. Sagen Sie Ihre Meinung und reden Sie über das, was Ihnen auf dem Herzen liegt. Stehen Sie zu Ihren Ideen, und setzen Sie sich dafür ein. Seien Sie Sie selbst, und bleiben Sie sich treu. Helfen Sie auch anderen, sie selbst zu sein! Damit haben Sie Ihre Zeit und Energie weit besser investiert.

Lassen Sie Ihre Angst zu, aber lassen Sie sich davon nicht blockieren. Es geht nicht darum, perfekt zu sein, sondern echt zu sein. Das macht glücklich, denn es ist Ihre freie Entscheidung und nicht die der anderen. Übernehmen Sie die Verantwortung für Ihre Entscheidungen. Der einzige Mensch, der zwischen Ihnen und Ihren Zielen steht, sind Sie selbst.

Nachwort

Sie sind nun am Ende dieser Lektüre angelangt. Sie haben Kapitel um Kapitel durchkämmt, sich durch den Seitendschungel geschlagen und damit bereits ein kleines Ziel erreicht: Dieses Buch zu lesen! Wenn Sie die Informationen, die Sie durch das Lesen erhalten haben, in sich aufnehmen, die gegebenen Hinweise beachten und die Übungen gewissenhaft umsetzen, dann bin ich mir sicher, dass Sie auch all Ihre anderen Ziele verwirklichen werden. Warum ich mir da so sicher bin? Ganz einfach. Weil dieses Buch auch mir geholfen hat. Und zwar, indem ich es schrieb.

Mein Ziel war es, ein Buch zu schreiben, das Menschen dabei hilft, ihre langersehnten und ständig aufgeschobenen Träume und Ziele endlich anzugehen und in die Tat umzusetzen.

Es war anstrengend, keine Frage. Ich hatte Tage, da konnte ich mich nur sehr schwer dazu aufraffen, etwas zu schreiben. Und es gab auch welche, wo ich es gar nicht schaffte. Zwischendrin plagte mich mal eine Erkältung, dann wieder eine Schreibblockade. Es gab Momente, wo ich ganze Kapitel wieder löschte und von vorn anfangen musste, weil es einfach hinten und vorn nicht passte. Doch mit jeder Notiz, die ich machte, und mit jedem Wort, das ich tippte, wuchs dieses Buch wieder. Und ich wuchs dabei über mich hinaus.

Ich schrieb und schrieb – und ganz plötzlich, nach einer langen Zeit, machte ich einen Punkt und stellte fest, dass es der letzte gewesen war. Der Prozess des Schreibens hatte sich so verinnerlicht und automatisiert, dass es mich gar nicht mehr interessierte, ob ich Lust dazu hatte, zu schreiben. Ich tat es einfach. Es war für mich zu ebenso etwas Selbstverständlichem geworden wie essen und Zähneputzen. Und doch war es jedes Mal etwas Besonderes, wenn ich meinen Schreibtisch freiräumte, den Computer anschaltete und anfing zu tippen. Es hatte ein bisschen was von einer geheimen Mission, und ich war der Agent, der dazu ausgewählt wurde, sie auszuführen.

Dieses Buch selbst ist der Beweis dafür, dass die Informationen und Techniken, die in ihm beschrieben sind, tatsächlich funktionieren. Und darum bin ich mir so sicher, dass es auch Ihnen auf Ihrem Weg zu Ihrem persönlichen Erfolg weiterhelfen wird. Es mag sein, dass nicht jede einzelne Lektion und jedes Wort genauso für Sie passt.

Das ist de facto unmöglich, weil jeder Mensch – ebenso wie seine Gedanken, Wertvorstellungen und Ziele – individuell ist. Dennoch hoffe ich sehr, dass Sie etwas aus diesem Buch für sich selbst mitnehmen konnten. Allein schon die Tatsache, dass Sie es bis hierhin gelesen haben, bedeutet, dass Sie jetzt ein besseres Bewusstsein für Ihre Ziele und Ihren persönlichen Erfolg geschaffen haben. Sie haben durch die Lektüre dieses Textes Erkenntnisse erlangt. Und diese Erkenntnisse werden Ihr Verhalten ändern, denn sie fördern Ihre Konzentration und Ihren Fokus. Ich habe Ihnen das Handwerkszeug mitgegeben.

Alles, was Sie jetzt noch machen müssen, ist, es einzusetzen und loszulegen.

Kommen Sie ins T-U-N!

Was ist Ihre nächste Geheimmission? Was es auch ist, ich wünsche Ihnen von Herzen alles erdenklich Gute bei Ihrem Vorhaben und – wie könnte es anders sein – viel Erfolg!

Herzlichst
Ben J. Morris

Bücher für angehende Führungskräfte

ZEIT & FOKUS

Konzentriert arbeiten

Wie Sie durch Selbstdisziplin und effektives Zeitmanagement maximale Produktivität erreichen und die geheimen Fokus-Strategien der Super-Erfolgreichen anwenden

„Gibt dem Leser allerhand Werkzeug mit, sein Leben als Meisterwerk zu meißeln."

– Amazon Kunde

Wie Sie auf Knopfdruck konzentriert arbeiten und in weniger Zeit mehr Ergebnisse erzielen.

In seinem neuen Buch *ZEIT & FOKUS* verrät Bestseller Autor Matthias Brandt Ihnen die bisher noch nie veröffentlichten Strategien der Super-Erfolgreichen. Raffiniertes Zeitmanagement kombiniert mit laserscharfen Fokus, sind die zwei essenziellen Schlüssel für Ihren Erfolg. Dieses Buch ist Ihr persönlicher Leitfaden, wie Sie in kurzer Zeit diese zwei wertvollen Fähigkeiten in sich vereinen.

ISBN: 978-1691263165

Matthias Brandt

Ausgewählte Literaturempfehlungen

SPEED READING

Schneller & besser Lesen

Wie Sie mit einem sicheren Schritt für Schritt System spielend leicht Ihre Lesegeschwindigkeit verdoppeln und Ihre Konzentration nachhaltig steigern

„Ein Muss für alle Wissensgierige!“

– Amazon Kunde

Wie Sie mit Hilfe einer effektiven Schritt für Schritt Formel Ihre Lesegeschwindigkeit verdoppeln und beim Lesen Zeit sparen!

Das Speed Reading Buch zeigt Ihnen einfache Praxis-Strategien auf, mit denen Sie Ihre Lesegeschwindigkeit verdoppeln und dabei Ihre Konzentrationsleistung nachhaltig erhöhen. Sehen Sie das Buch als das, was es ist: Ein sicheres Schritt für Schritt System, das aus Ihnen einen absoluten Speed Reading Profi machen wird. Dank diesem Buch werden Sie nie wieder kostbare Zeit verlieren!

ISBN: 978-1075798542

Matthias Brandt

RHETORIK

Reden wie ein Profi

Wie Sie ein guter Redner werden, überzeugend auftreten und Ihre wahrgenommene Kompetenz durch erfolgreiche Kommunikation erhöhen

„Wichtiges Buch für ein erfolgreiches Leben."

– Amazon Kunde

Das Rhetorik Buch zeigt Ihnen, wie Sie dank einfacher Strategien Ihre Rede- und Überzeugungskünste verbessern.

Dieses Buch bietet Anfängern einen guten Start, um Kommunikation zu meistern. Auch aber bekommen Experten neue Einblicke in die Welt der Rhetorik, was dieses Werk zu einer absoluten Standardlektüre macht, wenn es um die Kunst der Rede geht. Damit auch Sie Ihre Interessen wirkungsvoll durchsetzen und Ihre Mitmenschen nachhaltig für sich gewinnen.

ISBN: 978-1728739243

Julius Loewenstein

Die Rundum-sorglos-Pakete ...

GEWOHNHEITEN ÄNDERN | SELBSTDISZIPLIN ZEIT & FOKUS | SPEED READING

Das Große 4 in 1 Buch!

Wie Sie mit effektiven Methoden aus der Psychologie Ihre Motivation und Produktivität maximal steigern

„Essenziell für Leistungsträger. Besser als Doping? Definitiv!“

– Amazon Kunde

Das Große 4 in 1 Buch vom Management- Trainer Matthias Brandt!

Wirksames Zeitmanagement wird in diesem Standardwerk neu definiert. **Profitieren Sie noch heute von Mindset Strategien der Top Profis, die Ihnen das Leben erleichtern und Ihre Konkurrenz tief in den Schatten stellt.** Verboten effektive Methoden aus der Psychologie - für Sie einfach und praxistauglich auf den Punkt gebracht.

ISBN: 978-1075798542

Matthias Brandt

... der Persönlichkeitsentwicklung!

RHETORIK | SMALLTALK | SCHLAGFERTIGKEIT | SELBSTBEWUSSTSEIN

Das Große 4 in 1 Buch!

Wie Sie die Kunst der Kommunikation, der Körpersprache und selbstbewusstes Auftreten erfolgreich meistern

„Standardwerk für erfolgreiche Kommunikation - das wohl mächtigste Buch zum Thema."

– Amazon Kunde

Das Große 4 in 1 Buch vom Bestseller-Autor Julius Loewenstein!

Dieser Klassiker umfasst die vier Dauer-Bestseller von Julius Loewenstein. In diesem Buch werden essenzielle Erfolgsstrategien gebündelt und ungekürzt in vollem Umfang wiedergegeben. Damit Sie das ganze Paket der Persönlichkeitsentwicklung für Ihren Erfolg aus einer Quelle beziehen und dabei kostengünstig auf wertvolles Praxis-Wissen zugreifen!

ISBN: 978-1073655007

Julius Loewenstein

Printed in Poland
by Amazon Fulfillment
Poland Sp. z o.o., Wrocław

87094862R00049